みんなの日本語
初級Ⅰ 第2版

Minna no Nihongo

教え方の手引き

©2000 by 3A Corporation

All rights reserved. No part of this publication may be reproduced, stored in a retrieval system or transmitted in any form or by any means, electronic, mechanical, photocopying, recording, or otherwise, without the prior written permission of the Publisher.

Published by 3A Corporation.
Trusty Kojimachi Bldg., 2F, 4, Kojimachi 3-Chome, Chiyoda-ku, Tokyo 102-0083, Japan

ISBN978-4-88319-734-7 C0081

First published 2000
Second Edition 2016
Printed in Japan

まえがき

　『みんなの日本語　初級』は『新日本語の基礎』の姉妹版として1998年に発行以来、初級段階の教科書として、整備された内容と学習効率の良さで、「教えやすく」「学びやすい」と指導者、学習者から評価をいただいてまいりました。

　小社は今日まで、各方面の日本語教育・研修現場や学習者からのご意見を大切にし、教材制作に反映させてまいりましたが、近年ますます多様化する学習者や外国人の滞日条件の変化などを背景に、『みんなの日本語　初級』を見直し、内容を一部改訂し、『みんなの日本語　初級　第2版』を出版しました。

　改訂の柱は会話の場面と語彙で、国内外の学習者の日本語学習目的の広がりや交流の深まりにも対応しやすいように配慮しました。

　本書『みんなの日本語　初級Ⅰ　第2版　教え方の手引き』は、初版同様、『みんなの日本語　初級Ⅰ　第2版』を用いる新人教師のための手引きとして制作したものですが、教師経験の有無にかかわらず、日本語を効果的に教えるために、参考にしていただきたいと思います。

　「教科書」を教えるのではなく、「教科書」で教えるための工夫は、常に教師に求められるところだと思いますが、本書を通して、『みんなの日本語　初級Ⅰ　第2版』の意図するところをご理解いただければ幸いです。

　教科書『みんなの日本語　初級Ⅰ　第2版』とその指導書である本書、また周辺教材の出版に際しましても、多くの学習者や指導に当たってこられた先生方のご意見、ご感想をいただくなどたくさんのご協力をいただきました。

　小社は、これからも日本語教育の現場から求められる新たな教材、日本語教育に携わる皆様のお役に立つ教材を開発してまいります。

　今後とも一層のご指導を賜りますようよろしくお願い申し上げます。

2016年3月1日
株式会社スリーエーネットワーク
代表取締役社長　藤嵜　政子

目次

第1部　『みんなの日本語　初級Ⅰ　第2版』について
　　1.　『みんなの日本語　初級Ⅰ　第2版』教材の構成と内容 ……… 2
　　2.　授業の進め方 …………………………………………………… 2
　　3.　復習のしかた …………………………………………………… 8
　　4.　用語 ……………………………………………………………… 10

第2部　各課の教え方
　　はじめに …………………………………………………………… 14
　　第1課〜第25課 …………………………………………………… 19

付属CD-ROM

1　収録内容（PDFファイル）
　1.　学習項目と提出語彙
　　　『みんなの日本語 初級Ⅰ 第2版 翻訳・文法解説』に掲載されている文法項目（パートⅣ）、語彙・表現（パートⅠ）を課ごとに整理
　2.　助詞
　　　『みんなの日本語 初級Ⅰ 第2版 本冊』で学ぶ助詞の一覧
　3.　動詞の活用表
　　　動詞のグループ分けの表、「て形、ない形、辞書形、た形、普通形」の作り方の表
　4.　形容詞
　　　『みんなの日本語 初級Ⅰ 第2版 本冊』で学ぶ形容詞（い形容詞、な形容詞）の一覧

　イラスト
　　練習C・会話イラストシート：練習Cや会話の練習の際、場面や状況を視覚的に提示するのに有用なシート
　　『教え方の手引き』で使用のイラスト：本書で紹介している導入・練習に使用できるイラスト
　　登場人物：導入や練習などに使用できる登場人物のイラスト

2　動作環境
　このCD-ROMは以下の環境にて、動作を確認しております。
　・CD-ROMが使用できるドライブを搭載または接続したパソコン
　・OS Microsoft® Windows® 7・8・10、Mac OS X 10.9
　・PDF閲覧ソフト　Adobe Acrobat Reader DC
　収録したデータを閲覧するには、CPUおよびメモリが、お使いのOSとPDF閲覧ソフトの動作環境を満たしている必要があります。また、デー

タを印刷するには、お使いのOSに対応したプリンタが必要です。
お使いのパソコンにPDF閲覧ソフトがインストールされていない場合は、Adobe社のホームページ（http://www.adobe.com/jp/）より、最新のAdobe Acrobat Readerをダウンロードし、インストールすることにより、閲覧が可能になります。
お使いのハードウェア、ソフトウェアの環境についてご不明な場合は、それぞれの製造元にお問い合わせください。
なお、このCD-ROMに収録されたデータを使用することにより発生した損害については責任を負いかねますので、ご了承のうえ、ご使用ください。

3 著作権・利用許諾について

このCD-ROMに収録された資料の著作権は著作権者に帰属します。本書の購入者が、収録された資料をご自身の授業等に利用することは認めますが、授業等以外での資料の配布や使用、改変した資料の二次使用、インターネット上での資料の公開等、著作権者が認める範囲を超える利用については、有償無償にかかわらず禁止します。

第1部

『みんなの日本語 初級Ⅰ 第2版』について

1.『みんなの日本語　初級Ⅰ　第2版』教材の構成と内容

　『みんなの日本語　初級Ⅰ　第2版』の基本となる教材は『本冊』と『翻訳・文法解説』である。本書『みんなの日本語　初級Ⅰ　第2版　教え方の手引き』を使用する上で、『本冊』と『翻訳・文法解説』の構成と内容の把握が必須である。以下に教材の構成と内容をまとめておく。

1)『本冊』(各課8ページ)

　文型・例文
　文型　　その課の表札にあたる。
　　　　　できるだけ主語・述語の完結している形で提出し、文の基本形を示す。
　例文　　「文型」を質問と答えの形にして実際の発話例を示す。
　　　　　文型以外の学習項目も含む。
　会話　　課全体を学習したあと、「できるようになること」の一つとして、具体的な場面（職場・家庭・地域の交流場面での日常的な話題）を持つ「会話」を提示。
　練習ＡＢＣ
　Ａ　　　文法理解を助けるレイアウトによって文型・活用の形などを視覚的に提示。
　Ｂ　　　文構造の定着のためのさまざまなドリル形式による練習。イラストを多用。
　Ｃ　　　文型の機能を生かした談話単位の練習。
　問題　　学習したことの理解確認練習。

2)『翻訳・文法解説』(各課6ページ)

　語彙　　『本冊』各課の新出語彙とその訳。訳は『本冊』で学ぶ範囲に限定。
　　　　　＊右肩に＊がついている語は、その課には出てこないが、その課で学習してほしい語（対義語・関連語）である。
　翻訳　　『本冊』各課の「文型・例文」「会話」の翻訳。
　参考語彙と情報　その課に関連した語彙や日本事情に関する情報。
　文法解説　その課で学ぶ範囲の文法の説明。

2．授業の進め方

　授業は『本冊』p. ix「効果的な使い方」の「1課の学習の流れ」に沿って進める。
　以下は第2部「各課の教え方」を見るうえでの全体的な解説にもなっている。

Ⅰ．新出語彙の導入

　まず、その課の新出語彙を導入する。
　授業の初めに『翻訳・文法解説』「Ⅰ．語彙」を一度に導入する。あるいは、学習項目ごとにそこで使う語彙のみを選んで導入するというやり方もある。

　① 新出語を読む
　『翻訳・文法解説』の「Ⅰ．語彙」のページを教師のあとについて声に出して読む。

・アクセントを意識して発音する。
・漢字圏の学習者は漢字の読みを発音に持ち込む傾向があるので、注意する。
・学習者は教師のあとについて発音しながら、語彙の右に書かれている訳を確認するという作業をしているので、教師は学習者の様子を見ながら、読む速さをコントロールする。

② 定着を図る

絵教材、実物などを使ってある程度（短期記憶でよい。教師が与える文やテキストの文に反応できる程度）覚えるまで繰り返す。
・第2部の「Ⅰ．新出語彙　導入の留意点」に書かれているポイントに注意して練習する。
・語彙訳に与えられている意味のみを練習する。ほかの意味は教えない。
・動詞の場合は、一緒に使う助詞（既習の範囲）をつけて練習する。その課で新たに導入する助詞は、語彙導入の際に扱わない。
・常に教師が絵教材を提示して繰り返させるのではなく、ペアやグループで教師と学生役を演じさせるなど教室活動を工夫する。

Ⅱ．学習項目の導入と練習

項目ごとに導入・練習を繰り返す。基本的に、導入、説明、練習は既習語彙・文型のみを用いて、直接法（学習者の母語や英語などを使わないで、日本語のみで教える方法）で行う。場面提示などで未習語彙が必要な場合は、絵教材やその語彙訳を準備するなどの手当てが必要である。

1）見出し文、文の型と文法説明

「Ⅱ．学習項目の導入と練習」の各項目には、見出し文とその文の型が掲げられ、その下にその文型の文法説明が記してあるが、これは教師向けであり、学習者にそのまま伝えるものではない。

2）導入

導入は、教師が導入を考える際のヒントを記し、その具体例は導入例で示している。学習者によってさまざまな導入が考えられるし、何が適切であるかは学習者によるので、導入、導入例をヒントとしてその場の学習者に合った導入を試みてほしい。導入例は2～3準備しておいたほうがよい。

導入例を考えるにあたっては次のことに注意する。
・価値観（宗教、モラル、歴史観）は、個人や文化によって異なり、多様であることを心に留めておく。
・日本事情に関することを扱う場合は資料を準備しておく。
・学習者の個人的なことを例として取り上げるのは避ける。

既習語彙・文型による説明に加え、ジェスチャーや絵教材など、あらゆる方法を使っても、その学習項目の意味用法を伝えきれず、漠然とした理解にしか至らない場合がある。その場合は次のような文字カードを作成し、利用するとよい。

例：丁寧な言い方であることを伝えたい場合、いろいろ試みたあと、「丁寧」の各国語訳が書かれた文字カードを見せる。

表	裏
ていねい(丁寧)	各国語訳

それでもなお理解に至らない場合は、『翻訳・文法解説』の「Ⅱ．翻訳」の「文型」または「例文」の翻訳を見せる。（その場合、導入例は、「文型」あるいは「例文」と同じものである必要がある。）それに加えて、「Ⅳ．文法説明」の該当部分を示して読むことを促すとよい。それでも伝わらない場合は、練習などを通して徐々に理解できるようにしていく。

板書は現場によってさまざまなやり方が行われている。文字を書いて示すやり方のほかに、パワーポイントを使う教師もいれば、裏に磁石をつけたカードをホワイトボードに貼って示す教師もいる。板書文も、文の構造のみを示す方法もあれば、基本の文全体を示す方法もある。また、ひらがな・分かち書きとするか、漢字を混ぜて書くかも問題である。学習者のタイプ、レベルに合わせて選択されるべきもので、ここでは最も基本的な方法を紹介する。

・板書文は文の構造がわかるシンプルな文がよい。
・できるだけ導入例で使った文を用いる。

例：第5課

> だれと　いきますか。
> …かぞくと　いきます。
> …ひとりで　いきます。

「…」は違う話者を示す。

・板書のあと、質問をするなどして、その文型が理解できたかどうか確かめる。
　例：第14課「～ています」の導入後
　　（外を見て）今雨が降っていますか。先生は今何をしていますか。
　文型によっては質問できない場合がある。その場合は文に対する反応を見る。
　例：第14課「～てください」の導入後
　　［ここに］名前を書いてください。［ここを］読んでください。
・板書後、文型によっては助詞やフォーム、後続句の形など、注意すべき点について、理解を確認する。

なお、学習環境によっては板書が難しい場合もある。その場合は、『本冊』の「文型」「例文」を指し示すこともできる。（その場合、導入例は指し示す文と同じものである必要がある）。

3）練習

教科書を開いて行うか、閉じて行うか。

初級Ⅰの段階では、まず本を閉じて耳から聞いて発話するのを基本とする。時間的に可能なら、そのあと、文字を追いながら再度確認する。通常、時間的に難しい場合が多いので、口頭で練習したあと、練習Bの答えをノートに書いてくるのを宿題としてもよい。

練習A　色付きの枠内に示された例が限られているので、絵教材を使うなどして語彙を提示し、できるだけ多く練習するとよい。

練習B　各練習の「例」、及び第2部の解説を見て、何の練習なのかを十分理解してから、練習に入るようにする。
イラストがある練習の場合、イラストの読み取りが苦手な学習者もいるので、練習のまえに意味を確認する。

QA　例を1～2示してあるが、それを参考に教師自身で準備する。その際、文は既習語彙・文型の範囲で作ること、また、文の形が同じでも、そこで扱っている意味用法と異なる文を提示してしまわないよう気を付ける。
例：第14課項目3（動作の継続の「～ています」）の質問を作る場合
　　（×）先生は今立って／座っていますか。（結果の「～ています」）
　　（×）AさんはIMCで働いていますか。（身分・職業の「～ています」）

練習C　場面、状況のある談話練習である。代入肢（イラスト）が与えられているが、代入練習や変換練習ではない。学習者自身がイラストの中の登場人物になったつもりでやりとりをする。
まず、「例」のイラストを見て、場面、役割を確認する。イラストの読み取りが不得手な人やイラストがわかりにくい場合などがあるので、やりとりの前にイラストの内容を確認する。イラストの解釈は練習Cの解答に与えられたものと違っても意味を成すものなら、よしとする。クラス授業の場合はイラスト（CD-ROMに収録）を拡大して用いるとよい。

発展　練習Cおよび「会話」のあとに設けられている。練習Cの場合、談話の前後に続く会話を付け加えたり、談話の流れに沿って自由に発展させたりする。
例：第16課練習C2
　　A：日本語が上手ですね。どのくらい勉強しましたか。
　　B：1年ぐらいです。日本へ来てから始めました。
　　A：そうですか。すごいですね。
　　B：いいえ、まだまだです。

このやりとりは、A、Bがお互いに深く知りあっていない状況で行われる。例えば、第7課の会話（知り合ったばかりの人の家を訪問する）や、第8課の第1段落をこのやりとりのまえにつけてもよい。どのように発展させればよいかは、学習者に合わせて教師が考え、やりとりを膨らませてほしい。

4）展開

導入文型を少し変化させた形の文（疑問文、接続詞、副詞を伴う文）を 展開 として取り上げている。

5）留意点

各項目の最後に留意点が記してある。その項目について、学習者が疑問に思い、質問が予想されることへの対処、間違いやすい点などを書いている。

質問が出ないのに、教師側から間違いやすい点、疑問に思うであろう点を掘り起こす必要はない。学習者の応答や発話に出てきたときに捉え、説明をする。

6）まとめ

すべての学習項目が終わったら、課のまとめとして「例文」を読み、習ったことの整理と確認をする（項目ごとに行ってもよい）。やり方は
- 教師のあとについてリピートさせるか、学習者に読ませる。次に教師から学習者1に「例文」同様の質問をする。学習者1は答えたあと、同じ質問を学習者2にする。
- 『翻訳・文法解説』に「例文」の訳が載っているので、意味の確認に使うのもよい。

第2部「各課の教え方 Ⅳ．その他」に、「例文」についての解説が載っているので、参考にしてほしい。

Ⅲ．会話

できるだけ視聴覚教材を利用する。
① 場面（会話イラストを見せる）と登場人物を紹介する。
② DVDがあれば、DVDを見せる。なければ、会話イラスト（CD-ROM収録のものか『本冊』のイラスト）を見せ、CDを聞かせる。
   学習者の反応を見ながら、必要に応じて、数度見せたり聞かせたりする。
③ 未知のことば、表現などを挙げさせ、語彙リストにあれば確認させる。既習の語彙に戸惑っている場合は、簡単に説明をして思い出させ、再度聞かせる。
④ 内容の理解確認の質問をする。質問例は、第2部「各課の教え方 Ⅲ．会話 練習 内容確認の質問例」を参照。答えられなかった場合は、再度DVDを見るか、CDを聞く。
⑤ 『本冊』を開き、CD（教師）のあとについて読む。
⑥ 役割分担をして読む。
⑦ 第2部「各課の教え方 Ⅲ．会話 練習 身につけたい会話表現」の部分を空欄にした会話スクリプトを作成して配り、CDを聞いて、そこを埋める作業をする。聞き取ったあと、『本冊』を見て各自でチェックする。
   これは、授業に時間的余裕がない場合は、ある一定の期間をおいて行われる復習の時間に行ってもよい。文字にまだ習熟していない段階では、書かせるのではなく、口頭で発表させてもよい。間違いは、聞きとれていない場合と表記の間違いと二通りあるが、この作業の目的は会話表現を身につけることなので、表記の間違いには寛容でよい。「身につけたい会話表現」とは、「会話」でしか学べない表

現、会話のストラテジーとして是非自分のものにしてほしい表現を言う。
第2部「各課の教え方 Ⅲ．会話」に例を掲げたが、学習者によって、柔軟に増やしたり、減らしたりしてほしい。
⑧ 役割を分担して、CD-ROMに収録の会話イラストを見ながら（DVDがあれば、DVDの音声を消して）会話を再現する。100％同じでなくても、内容が再現できればよしとする。
⑨ 会話の内容によっては、学習者の状況に合わせて、実際の状況に沿ってやってみる。

Ⅳ．その他

「問題」は宿題とすることが多い。ただ○×をつけて返却するのではなく、次の回の授業で復習を兼ねて、教師と一緒に答えを確認する。

聴解問題

付属CDの音声はナチュラルスピードのため、学習者によっては、やや速く、宿題にするのが難しい場合がある。そのような場合は、クラスで行い、教師が口頭でゆっくりと繰り返し同じ質問を聞かせるとよい。

文法問題

必要に応じて解説する。解答を間違えた場合、該当する『本冊』の文に戻って基本を確認する。

読解問題

読解の授業として行う場合は、次の手順で行うとよい。
① 前作業
　いろいろな質問をして読み物に対する興味を持たせる。
　例：第19課
　富士山のさまざまな写真または絵（真っ白な富士山、月を仰ぐ富士山、真っ赤に燃える富士山、北斎の赤富士）などを見せて問いかける。
　「この山を知っていますか。名前は何ですか。見たこと／登ったことがありますか。登りたいですか。いつ登りましたか。どうでしたか。」
② 黙読する。
③ タスクの絵を一緒に読み取る。
④ もう一度読んでタスクの絵が正しいかどうか判断し、○×を入れる。
　答え合わせをして、どうしてそう判断したか聞く。
⑤ 声を出して読む。
　読解はあくまで文字のかたまりを意味のあるものとして目で読み取っていくものであるので、声を出して読むのは最後にしたい。特に、最初から教師が読んで聞かせるというのは避けたい。

産出問題

第19課以降に読解問題を発展させて、話したり、書いたりするような設問が設けられている。それ以前でも同じアプローチで産出につなぐことができる。

例：第19課

「あなたの国でいちばん高い山はどこですか。どこにありますか。何メートルですか。きれいですか。あなたの国の人はみんなその山が好きですか。」などの質問をし、それをまとめて書くことを宿題として課す。山の代わりに川、湖、砂漠などでもよい。インターネットで写真などを準備させ、次の授業で（あるいは復習の時間に）発表させ、質問応答するなどの活動につなげるとよい。

3. 復習のしかた

復習は、「復習A～G」、「副詞・接続詞・会話表現のまとめⅠ、Ⅱ」、および「総復習」と、10箇所に設けた。

1）復習A～G

「復習」は大きく以下のようにまとめてある。

復習A　名詞文
復習B　動詞文
復習C　形容詞文、「が格」を持つ動詞文
復習D　「ます形」の後続句文、「て形」とその後続句文
復習E　「ない形」「辞書形」「た形」とその後続句文
復習F　普通形と普通体
　　　　（以上単文）
　　　　複文（普通形＋後続句の文）
復習G　複文（普通形＋後続句の文）

復習問題をするまえに

・絵教材で該当課までの語彙の記憶を確かめる。動詞の場合はいっしょに用いる助詞も併せて確認する。また、活用形（フォーム）を学習した課が含まれている場合は、その活用を確認する。
・後続句を学んだ課の復習の場合は、その後続句の文字カードを使って、後続句の表現を思い出させる。適切な動詞を与えて典型的な文を作らせる。
　後続句についてはp.10, 4. 用語1）④参照。

　　後続句文字カードの例

表	裏
～なければなりません	各国語訳

・助詞の簡単なまとめをする。
  例：復習B（第4課～第7課）
    「6時に起きます」（第4課）と「5月5日に行きます」（第5課）
    「電車で帰ります」（第5課）「食堂で食べます」（第6課）と「はしで食べます」
    （第7課）など
・復習に該当する課の項目や語彙を総合的に使って質問をする。

復習問題をする

・「例」を見て（　　　）に何が求められているか確認する。
  各課の「問題」をする間に慣れてきているかもしれないが、まだ何を答えるべきかがよくわからない学習者には、例えば、助詞や疑問詞の場合はその問題が期待している答えを含む選択肢を与えるとよい。
・状況を表すイラストが添えられている場合は、それを見て会話を作ってみるとよい。助詞や疑問詞が抜けている問題文より、会話全体の方が簡単に作れる場合がある。
・問題の中には会話ゆえにいくつかのやりとりが省略されている場合がある。その場合は省略されていない会話を示すとよい。
  例：復習B, 5-1) タワポンさん、このCDはあなたのですか。
        …いいえ、違います。そのCDは友達のです。
          ［わたしは］友達にそのCDを（a. 貸しました ⓑ. 借りました）。

2）副詞・接続詞・会話表現のまとめ

接続詞・副詞・会話表現は使われている文、状況とともに学ぶのがいちばんである。間違えた場合は、そのことば・表現が出てきた課に戻り、使われている箇所を見て確かめ、文を丸ごと覚えるようにするとよい。副詞・接続詞・会話表現は各課の「例文」「練習C」「会話」に多く出ている。

3）総復習

さまざまな使い方ができる。第25課まで終わった段階で、自らの弱点を見つけ強化するための練習問題として、あるいは、どのくらい力がついたかを見るためのテストとして使える。また初級Ⅱへ進みたい人へのプレースメントテストとしても使用可能である。

間違えた場合は、その間違いの原因がどこにあるのかを適切に判断することが大切である。例えば、3は適切な動詞を選択する問題であるが、語彙の選択を間違えたのか、フォームの転換をミスしたのか、後続句とのつながりの判断ミスなのかによって、戻って参照すべき場所が異なる。テキストの索引、「動詞のフォーム」、目次、学習項目一覧などを使いながら、学習者が正しい場所にたどり着くよう手助けをしたい。

4．用語

1）動詞の種類と活用

『みんなの日本語 初級Ⅰ 第2版』で用いられている動詞の活用形と名称は次の通りである。（　）内は学校文法の呼称。

		ない形 （未然形）	ます形 （連用形）	辞書形 （終止形）	て形 （連用形）+て	た形 （連用形）+た
Ⅰ	（五段）	書か	書き	書く	書いて	書いた
Ⅱ	（上一段）	見	見	見る	見て	見た
	（下一段）	食べ	食べ	食べる	食べて	食べた
Ⅲ	（カ変）	こ	き	くる	きて	きた
	（サ変）	し	し	する	して	した
後続句		～ないでください ～なければなりません ～なくてもいいです	～ませんか ～ましょう ～たいです ～にいきます ～ましょうか	～ことができます ～ことです ～まえに、～ ～と、～	～ください ～います ～もいいです ～はいけません ～から ～あげます ～もらいます ～くれます ～も	～ことがあります ～り、～りします ～ら

① 「学校文法」では、動詞を五段、上一段・下一段、カ変・サ変に分類している。『みんなの日本語』は、五段をⅠグループ、上一段・下一段をⅡグループ、カ変・サ変をⅢグループと名付ける。
② 活用形のうち、「ない形」と「ます形」については、便宜上、それぞれ「ない」と「ます」を除いた部分としている。
③ 授業の中ではそれぞれの「～形」を「～フォーム」と呼ぶこともある。
④ 表の下部にある「後続句」とは、文の中で動詞の活用形に続く、「ある表現意図を持つ文末表現」のことである。

　　例1：書か　＋　<u>なければなりません</u>。
　　　　　動詞　　　　後続句

　　例2：書く　＋　<u>ことができます</u>。
　　　　　動詞　　　　後続句

⑤ 「書く（辞書形）・書かない（ない形＋ない）・書いた（た形）・書かなかった（ない形＋なかった）」を普通形と呼ぶ。

2）形容詞の種類と活用

（　）内は学校文法の呼称

		い形容詞（形容詞）		な形容詞（形容動詞）	
		肯定形	否定形	肯定形	否定形
叙述用法	非過去	暑いです	暑くないです	静かです	静かじゃありません（では）
	過去	暑かったです	暑くなかったです	静かでした	静かじゃありませんでした（では）
修飾用法	非過去	暑い〜	暑くない〜	静かな〜	静かじゃない〜（では）
	過去	暑かった〜	暑くなかった〜	静かだった〜	静かじゃなかった〜（では）
て形		暑くて	暑くなくて	静かで	静かじゃなくて（では）

① 学校文法で言う「形容動詞」は、意味的には、性質や状態を表す形容詞と同じなので、「きれいな花」の「きれいな」のように、名詞につくときに「な」が現れることから「な形容詞」と呼ぶ。
② 「暑い・暑くない・暑かった・暑くなかった」および「静かだ・静かじゃない・静かだった・静かじゃなかった」を普通形と呼ぶ。

3）丁寧体と普通体

一般の日本人の会話では、公的な場面での丁寧な話し方と、家族や友人同士でのくだけた話し方が見られる。『みんなの日本語 初級Ⅰ 第2版』では、「です、ます」を使って話す話し方を「丁寧体」と呼び、文末に普通形を使った話し方を「普通体」と呼ぶ。

例：あした東京へ行きます。きのうは雨でした。（丁寧体）
　　あした東京へ行く。きのうは雨だった。（普通体）

4）普通形と普通体

『みんなの日本語 初級Ⅰ 第2版』では、「〜体」という話し方のスタイルと区別して、活用の形を「〜形」と呼んでいる。例えば、「あした雨が降ると思います。」という文は文末が「ます」であることから丁寧体の文で、文中の「降る」は「と思います」に接続する形として、普通形と呼んでいる。

第2部

各課の教え方

※**本文で使われている記号について**

N……名詞
V……動詞
A……形容詞

T……教師
S……学習者

QA……質問と応答

文型……『本冊』各課第1ページ目にある「文型」
例文……『本冊』各課第1ページ目にある「例文」

絵教材の記号と番号（例：N25）は『絵教材CD-ROMブック』（別売）のイラスト番号を表しています。

はじめに

第1課に入る前に、『本冊』p.2～5で、日本語の発音、アクセント、イントネーション、教室のことば、毎日の挨拶と会話表現、数字を導入する。

Ⅰ．日本語の発音

1．かなと拍

ここではかなを使って、発音のしかたと注意点を学ぶ。
　かなを読む際には、1文字が1音で、1拍であることを意識させる。また、五十音図を読むことによって、母音は「あ行」の5つの音で、「ん」以外の「か行」以下の音はこの5つの母音と子音が組み合わさっていることを理解させる。

練習
1．五十音図を見せて、清音の練習をする。
　① 「あ行」の音を順番に教師が発音し、リピートさせる。
　　「あ」～「お」までをリピートし終えたら、「あえいおう」など、適当に順番を変えながら繰り返させ、5つの音の違いを意識させる。
　② 「か行」以下、①と同様に清音をリピート練習。
　③ 「あ」～「ん」まで練習し終えたら、「あ・か・さ・た…」「い・き・し・ち…」のように母音の列ごとにリピート練習させる。

2．「゛」のある濁音、「゜」のある半濁音を練習する。
　① 「か行」の清音を言わせ、次に「が行」の濁音をリピート練習。
　② 「さ行」「た行」も同様に練習。「じ」と「ぢ」、「ず」と「づ」が同じ音であることを言っておく。
　③ 「は行」も清音、濁音、半濁音の順にリピート練習。

3．拗音を練習する。
　① 大きい文字「き」、小さい文字の「や、ゆ、よ」をそれぞれリピートしたのち、大小の文字をいっしょにリピートさせる。
　　例：「き」→「や」→「きゃ」
　　うまく行かない場合は、「きあ」→「きや」→「きゃ」という順で練習させてみるとよい。
　② 「しゃ、しゅ、しょ」以下、①と同様に。慣れてきたら、分割せずにそのまま発音させる。

2．長音

短音、長音の区別はことばの意味の違いに関わるものなので、その意識化は大切である。短音（1拍）に対し、長音（2拍）は長さを2倍とって発音し分けるように留意させる。『本冊』p.4「2．長音」以外のミニマルペア*（例：ふじさん／ふじいさん、いえ／いいえ、さと／さとう…）も文字カードにして準備するとよい。

*ミニマルペア　一か所が異なる一組のことば（例：おばさん：おばあさん）。
『本冊』p. 4に例が出ている。

練習
1．『本冊』p. 4「2．長音」を教師の後についてリピートさせる。
2．手拍子を打って、短音と長音の拍数の違いを確認しながら、再度教師のあとについてリピートさせる。
3．『本冊』p. 4の「2．長音」にある語を書いた文字カードを見せ、発音させる。
4．短音、長音の聞き分けを練習する。
　短音、長音の文字カードを並べて、教師が発音した方のカードを選ばせる。

3．撥音

「ん」はその後に続く音（た行・だ行・ら行・な行の音、ば行・ぱ行・ま行の音、か行・が行の音）によって、発音のしかたが変わる。特に発音は難しくないが、長さに注意させる。

練習
1．『本冊』p. 4「3．撥音」を教師の後についてリピートさせる。
　その際、教師の口元を見せ、後ろに来る音によって「ん」の発音が変わることに注意させる。
　例：「えんぴつ」…「ん」の発音時に唇が閉じている。
　　　「みんな」……「ん」の発音時に舌が歯茎の裏についている。
　　　「てんき」……「ん」の発音時に唇が開いている。
2．手拍子を打ちながら、拍の数に注意させ、再度教師の後についてリピートさせる。

4．促音

促音「っ」は、か行・さ行・た行・ぱ行の音の前に現れる。ことばの意味の違いに大きく関わるので、1拍分の間隔を取って発音するように注意させる。『本冊』p. 4「4．促音」以外のミニマルペア（例：いき／いっき、かこ／かっこ、きて／きって…）も含め、カードに書いて準備するとよい。

練習
1．『本冊』p. 4「4．促音」を教師の後についてリピートさせる。
2．手拍子を打ちながら、拍の数を確認させる。
　例：ぶか（2拍）ぶっか（3拍）
3．『本冊』p. 4「4．促音」以外のミニマルペアを含めた文字カードを見せ、読ませる。
4．促音のある語とない語のミニマルペアのカードを並べ、教師が言った方のカードを選ばせる。

5．拗音

拗音の有無も意味の違いに大きく関わっている（例：びょういん／びよういん）。拗

音は、例えば「き」+「ゃ」が「きゃ」になるように、「ゃ、ゅ、ょ」を含む2文字が1拍で発音されるので、1文字ずつ発音する場合との拍の違いを意識させる。
『本冊』p.4「5．拗音」以外のミニマルペア（例：きやく／きゃく、ひよう／ひょう、りゆう／りゅう…）も含め、カードに書いて準備するとよい。

練習
1．『本冊』p.4「5．拗音」を教師の後についてリピートさせる。
2．手拍子を打ちながら、拍の違いを確認させる。
　　例：ひやく（3拍）　ひゃく（2拍）
3．『本冊』p.4「5．拗音」以外のミニマルペアも含めた文字カードを見せ、読ませる。
4．3のカードを並べ、教師が言った方のカードを選ばせる。

6．アクセント

日本語のアクセントは高低アクセントである。標準語（東京アクセント）では1つの語彙中に必ず音の高さの変化があり、1拍目と2拍目の音の高さが違う。また、アクセントには4つの型がある。同音異義語の多い日本語では、アクセントで意味の区別をする。
このテキストでは標準語の東京アクセントを教えるが、アクセントは地方によって違いがあることの例として、大阪アクセントを紹介している。

練習
1．『本冊』p.4「6．アクセント」のことばをCDあるいは口頭で聞かせる。1拍目と2拍目の高さが違うことに注意させる。
2．テキストのことばに助詞「が」をつけてリピートさせ、アクセントの型が4つあることを確認する。
3．はし（橋）・はし（箸）、かき（柿）・かき（カキ）など、意味が絵などで簡単に表せることばのアクセント型を示し、アクセントによって意味が異なることに注意させる。
4．東京アクセントと大阪アクセントの例を聞かせ、地方によってアクセントが異なることを紹介する。学習者のいる地域のアクセントを教師が紹介してもよい。

留意点
1）1拍目と2拍目の音の高さの違いがわかるように簡単なアクセント表示の書き方を教え（例：に̲わ̅）、第1課以降の語彙導入の際に自分でメモするように言うと発音に対し注意深くなる。
2）平板型（なまえ）と尾高型（やすみ）がどう違うのかという質問が出ることがある。後ろに助詞（「の」以外）がつくと、平板型は助詞が高いまま発音されるが、尾高型は助詞が低くなる。説明が難しい場合、『翻訳・文法解説』p.6を参照させるとよい。

7．イントネーション

文全体に加えられる音声の上がり下がりをイントネーションと言う。ここではイントネーションの代表的な3つの型、平板調（→）、上昇調（↗）、下降調（↘）を紹介している。イントネーションは話し手の意図や感情によって変わってくる。

練習
CDあるいは教師が口頭で教科書の文を聞かせ、違いを紹介する。

留意点
この段階では文の意味とイントネーションを結びつける作業は難しいので、イントネーションの項目は無理に行わなくてもよい。各課の学習に入ってから、文の種類、話し手の気持ちなどによってイントネーションが変わることをドリルや会話練習の中で気付かせ、指導する。

＊その他

母音の無声化
「好き」「～です」「～ます」などの発音では母音が無声化する。音に敏感な学習者は質問してくるので、その場合はいくつか例を挙げて、自然な発音を聞かせ、母音が発音されないことに気付かせる。（参照：『翻訳・文法解説』p.5）

鼻濁音の「が」
学習者にもよるが、語頭の「が」[g]と語彙中や助詞の「が」[ŋ]の発音が違うことについて質問してくる場合がある。最近は常に[g]で発音する人も多くなっているので、あまり神経質にならなくてもよいことを伝える。（参照：『翻訳・文法解説』p.5）

Ⅱ．教室のことば

授業でよく使う指示の表現やことばを紹介する。テキストにあることばとその訳を表裏に書いた文字カードを準備するとよい。このカードはここで使うほか、学習者が慣れてくるまで、必要に応じて指示とともに見せることができる。

練習
1．文字カードの表現をリピートさせ、訳語を示す。
2．訳語のほうを上にしてばらばらに並べ、教師が言った表現の訳を選ばせる。

留意点
「もう一度」は教師が学習者に指示する際に使う表現で、学習者が使う場合は「お願いします」を付け加えて使うように指導する。

Ⅲ．毎日の挨拶と会話表現

日常的によく使う挨拶や会話表現を紹介する。絵教材で状況を示しながら導入するとよい。

練習
1．絵教材を見せ、リピートさせる。
2．絵教材を見せ、学習者にその表現を言わせる。
3．絵教材で状況を示し、学習者どうしで挨拶しあう。

留意点
1）「すみません」を使って相手を呼んだり、「お願いします」を使って相手に依頼したりする場合、言われた側は「はい」と答えることを紹介しておくと、学習者どうしでの練習がスムーズにできる。
2）「すみません」と謝られた場合は、状況にもよるが、一般的には「いいえ」と答えればよいことを紹介する。

Ⅳ．数字

ここでは0から10までの数字の読み方を扱う。11〜100までは第1課、101以上は第3課で学習する。0〜10までを書いたカードを準備するとよい。

練習
1．カードを1枚ずつ順番に見せ、リピートさせる。
2．0〜10まで順にカードを見せ、数字を言わせる。
3．順不同にカードを見せ、数字を言わせる。
4．教師が言った数字を書かせる。

留意点
0、4、7、9はそれぞれ2つの読み方を紹介するが、この段階では「ゼロ」「よん」「なな」「きゅう」が言えればよい。

第1課

学習目標

できるようになること
・初対面の人と簡単なあいさつや自己紹介ができる。

学習すること

学習項目	文型	例文	練習A	練習B	練習C
1．～は～です（名前・身分など）	1	1	1	1・2	1
2．～は～じゃありません	2	2・3	2	3	
3．～は～ですか	3	1・2・3	3	4	2
4．～の～（所属）		4	4	5	3
5．～も～です	4	5	5	6	
6．～は－歳です		6	6	7	

I．新出語彙　導入の留意点

・～さん　　　　　名前（姓名の姓のほう）につけて敬意を表す。自分の名前にはつけない。

・～ちゃん　　　　子どもの名前（姓名の名のほう）につけて親しみを表す。このテキストではテレーザちゃんと太郎ちゃんに用いられている。

・先生／教師　　　人の身分・職業を言う場合は「先生」、自分の身分・職業を述べる場合は「教師」を使う。

・社員／会社員　　単に職業を言う場合は「会社員です」と言い、所属する会社の名前とともに身分を言う場合は「〈会社名〉の社員です」と言う。

・～人　　　　　　新出語彙リストにある国以外については『翻訳・文法解説』p. 13を参照。

・－歳　　　　　　「歳」をつけて数字を発音するとき、1、8、10は、それぞれ「いっさい」「はっさい」「じゅっさい」となる。『翻訳・文法解説』p. 168参照。

・～から来ました　出身地を言い表す表現である。「来ました」が「来る」という意味でその過去時制であるといった説明はしない。

・［どうぞ］よろしく　　「よろしく」「どうぞよろしく」「どうぞよろしくお願いします」の順で
　　［お願いします］　　丁寧度が上がる。

Ⅱ．学習項目の導入と練習

1. わたしはマイク・ミラーです。　N_1はN_2です

N_1についてN_2で人の名前・身分などを表す。助詞「は」はN_1が文の主題であることを示す。N_2は「です」を伴って述語となる。

導入　〜は〈名前〉です　文型1

教師と学習者のネームプレートを準備しておく。ネームプレートを使って自分の名前を名乗ることを導入する。名刺を使ってもよい。

導入例　教師は自分のネームプレートを持ち、
　　　　T：わたしは田中です。
　　　　学習者に自分のネームプレートを持たせ、教師は学習者の後ろに黒子のように立って、
　　　　T：わたしは○○（学習者の名前）です。
　　　　同様のことを数名にすると、自然に自分から「わたしは○○です」と言うようになる。

> わたしは　マイク・ミラーです。

「マイク・ミラー」の部分には学習者の名前を入れるとよい。

練習　口慣らし　「わたしは〈名前〉です」がすらすらと言えるように練習する。名前はゆっくりはっきり、わかりやすい発音で言うように指導する。

展開1　〜は〜人です

世界地図と登場人物の絵（CD-ROM）を準備する。「国名＋人です」でどこの国／地域の人かを言う言い方を導入する。

導入例　登場人物の絵を示しながら、名前を言う練習をする。次に、登場人物の出身国／地域を言う練習をする。
　　　　ミラーさんの絵を取り上げ、「ミラーさんは」と言いながら、世界地図のアメリカにミラーさんを着地させて、アメリカの上に貼り付け、「ミラーさんはアメリカ人です」と言う。同様に、サントスさん、カリナさんについても行う。

> ミラーさんは　アメリカじんです。

練習　B1　『本冊』p.9のイラストを見ながら、どこの国／地域の人か言う。

| 展開2 | ～は〈身分・職業〉です

登場人物の絵（CD-ROM）と身分・職業の絵教材（N1～N5）を準備する。

導入例　ミラーさんの絵を取り上げ、「ミラーさんは」と言いながら、絵教材から「会社員（N3）」を選び出し「会社員です」と言う。同様にカリナさんを取り上げて、「カリナさんは学生です」。
続いて、教師自身を指して、
T：わたしは教師です。Sさんは……
S：わたしは学生です。

> わたしは　　　がくせいです。
> ミラーさんは　かいしゃいんです。

練習　A1　「～は～です」で名前・身分などを言う。
　　　B2　『本冊』p.9のイラストを見ながら、身分・職業を言う。
　　　C1　自己紹介の会話
　　　　　「初めまして」「～から来ました」「どうぞよろしく」は自己紹介に必須の表現である。まず何度も口慣らしをしてから、やりとりに入る。
　　　発展　グループレッスンの場合、2列になり、向かい合って自己紹介をし、終わったら、1つ隣にずれていくというやり方をとると、違った相手に同じことを何度も言える練習となり、かつ互いに知り合えるよい機会となる。

留意点　1）第1課の時点ではひらがな、カタカナの読み方がまだ定着していない人もいる。特にカタカナの人名は難しいので、文字を読むことを要求しない。文字を見せながらも、できるだけ耳から聞いた音を繰り返すよう忍耐強く手助けする。
　　　　2）自己紹介では「わたしはアメリカ人です」より、「アメリカから来ました」のほうが自然で適切である。

2. サントスさんは学生じゃありません。　　N₁はN₂じゃありません

「じゃありません」は「です」の否定形である。これは、日常生活で用いられる形で、フォーマルなスピーチや書きことばでは「ではありません」が用いられる。

| 導　入 | ～は～じゃありません　　文型2

名前の呼び間違いや事実認識の違いなどの状況を設定して、否定文を導入する。

導入例　集めておいたネームプレートを返却する。
　　　　T：S1さん。S2さん。S3さん…。

中の1～2名に違うプレートを返す。学習者は自分のではないという意思表示をする。それを捉えて、
T：わたしは○○じゃありません。

```
わたしは　サントスじゃ　ありません。
```

練習　A2　「～じゃありません」に名前・身分などを入れ替えて練習する。
　　　B3　『本冊』p.9のイラストを見ながら、与えられたことばを使って「～は～じゃありません」を言う練習。

3. ミラーさんは会社員ですか。　N_1はN_2ですか

「か」を文末につけると疑問文になる。叙述の内容が正しい場合は「はい、～です」、間違っている場合は「いいえ、～じゃありません」で答える。

導入　～は～ですか　文型3　例文1　例文2　例文3
　?カードを使って、疑問文を導入する。

導入例　登場人物のページを開いて、
T：ミラーさんはアメリカ人です（と言いながら、板書をし、その文の上に?を置き、首をかしげて）か↗（と言いながら「か」を書く。）
S：アメリカ人です。
T：はい、アメリカ人です。
T：ミラーさんは学生です……か。
S：学生じゃありません。
T：いいえ、学生じゃありません。

```
ミラーさんは　アメリカじんですか。
　　…はい、　アメリカじんです。
ミラーさんは　がくせいですか。
　　…いいえ、がくせいじゃ　ありません。
```

練習　B4　与えられたことばを使って質問を作り、『本冊』p.9のイラストを見て質問に答える練習。
　　　QA1　例文1、例文2を参考に、学習者の実際の状況に合わせた質問応答をT⇒S、S⇔Sでする。
　　　　　　例：○○さんですか。会社員ですか。中国人ですか。
　　　QA2　例文3を参考に、学習者の実際の状況に合わせた質問応答をする。「いいえ」の場合は、「～じゃありません」を省き、正しい答え「～です」だけを言う。

	C2	来客などに名前を尋ね、聞きとった名前（音）が正しいかどうか繰り返して確認する。 「いいえ、イーです」は「いいえ、リーじゃありません。イーです」の省略された形である。

留意点　1）目の前の人に向かって「あなた」はあまり使わない。名前がわかっている場合は名前で（例：田中さんは…）、身分がわかっている場合はその身分呼称で呼びかける（例：先生は…）ように指導する。
　　　　2）答えるとき、「はい、わたしは…」「いいえ、わたしは…」の「わたしは」を省略するように徐々に指導する。

展開 だれ（どなた）

自分自身を指して「わたし」、話している相手を指して「あなた」、両者から離れた人を指して「あの人」ということを確認しておく。
「あの人は○○さんですか。」の「○○さん」が「だれ」に変わること、語順は変わらないことを導入する。

導入例1　学習者を1人、離れた所に立たせ、その学習者を指して、
　　　　　T：あの人はAさんですか。　S全員：いいえ。
　　　　　T：Bさんですか。　　　　　S全員：いいえ。
　　　　　T：Cさんですか。　　　　　S全員：いいえ。
　　　　　T：（首をかしげて）だれですか。

> あの　ひとは　だれですか。
> 　　　…Sさんです。

導入例2　松本さん（『本冊』登場人物）の絵（CD-ROM）を教室の壁に貼る。離れた所から「あの方はどなたですか」と言いながら、上の板書の「ひと」の下に「かた」、「だれ」の下に「どなた」を書き足す。
明らかに年上あるいは目上とわかる人については「かた」「どなた」を使うことを確認する。「丁寧」の各国語訳を示してもよい。

練習　　A3　話し手と聞き手両者から離れた所にいる人を指して、誰であるか尋ねる。
　　　　QA　登場人物の絵を教室のあちらこちらに貼って質問し合う。

留意点　1）本人に対して「あなたはだれですか」という質問はしない。代わりにC2で学習した「失礼ですが、お名前は？」と聞く。
　　　　2）フォーマルな場面などでは丁寧な形「あの方はどなたですか」を使う。

4. わたしはIMCの社員です。　N_1のN_2

N_1がN_2を修飾する場合、2つのNを「の」で結ぶ。第1課では、N_1がN_2の所属先を表す。

|導　入| 〈所属先〉の～　例文4

初対面の人が集まる場を設定する。所属先を含めた身分などを言う場合の「～の～」を導入する。

導入例　「パーティー」の絵教材（A20）を準備し、初対面の人に自己紹介する場面を示す。絵教材の男性にミラーさんの顔の絵を貼り、女性にカリナさんの絵を貼る。
　　　　Ｔ：(カリナさんの側に立ち) 初めまして。カリナです。学生です。富士大学の学生です。どうぞよろしく。
　　　　Ｔ：(ミラーさんの側に立ち) 初めまして。ミラーです。IMCの社員です。

> わたしは　IMCの　しゃいんです。

学習者一人ひとりに所属を言わせて「～の～」の語順を確認する。

練習　A4　人、所属先、身分を入れ替えて「～は～の～です」の練習。
　　　B5　話し手と聞き手両者から離れた所にいる人が誰であるか尋ね、尋ねられた人は名前だけでなく、どういう立場の人であるかを加えて答える練習。
「あの人(方)はだれ(どなた)ですか」という質問には名前だけではなく、身分も含めて尋ねているという含みがある。
　　　C3　人から紹介を受け、簡単な自己紹介をする。
第1課の段階で、紹介する側になるのは負担が大きすぎるかもしれないので、Aの役は教師が演じる。最低限、自己紹介ができることを目指せばよい。

5. マリアさんもブラジル人です。　N_1もN_2です

「N_1（主題）はN_2です。」のN_1（主題）が変わっても、N_2が同じ場合、助詞「は」に代えて「も」を用いる。

|導　入| ～も　文型4　例文5

同じ国の人、同じ身分の人、同じ所属先の人を取り上げるとよい。

導入例　登場人物の絵を示して、
　　　　Ｔ：佐藤さんは日本人です。山田さんも日本人です。
　　　　　　サントスさんはブラジル人です。マリアさんもブラジル人です。

> ミラーさんはIMCの社員です。佐藤さんもIMCの社員です。

> サントスさんは　ブラジルじんです。
> マリアさんも　ブラジルじんです。

練習　A5　国が同じ人の名前を入れ替えて「～も～です」の練習。

B6　まず、B6のイラストの情報を読んで確認する。1つの問題は上下2枚の絵からなる。上下を比べて共通の情報があるかどうか読み取り、それぞれについて「○○さんは～です。△△さんも～ですか」という文を作る。
答えは「～」の部分が同じ場合は「はい、△△さんも～です」、違う場合は「いいえ、△△さんは～じゃありません」となる。助詞に注意。
例の場合、上段にミラーさん、下段にグプタさんがいる。出身国は違うが、会社員であるという身分は同じである。

QA　例文5 を参考に学習者の実際の状況に合わせて質問応答を行う。
例　T：Wさんはイギリス人ですか。
　　S：はい、イギリス人です。
　　T：Mさんもイギリス人ですか。
　　S：いいえ、アメリカ人です。

6. テレーザちゃんは9歳です。　Nは－歳です

年齢は助数詞「－歳」を用いる。年齢を尋ねるとき、疑問詞は「何歳」または「おいくつ」を用い、「おいくつ」のほうが「何歳」より丁寧になる。「歳」の前の数字の発音に注意。

導入　～は－歳です

数字の文字カードを用いて、1～100を練習しておく。ろうそくを立てたケーキ（絵・写真でもよい）を準備しておくとよい。

導入例　登場人物テレーザちゃんの絵（CD-ROM）を見せて、準備したケーキのろうそくを、1、2、…9と数える。
T：テレーザちゃんは9歳です。

> テレーザちゃんは　9さいです。

練習　A6　「～は－歳です」の言い方を練習する。
1、8、10の場合はそれぞれ「いっさい」「はっさい」「じゅっさい」となり、4、9はそれぞれ「よんさい

「（×よさい、×しさい）」「きゅうさい（×くさい）」となる。

文作り　B6のイラストを利用して「～は－歳です」を練習する。
例：ミラーさん→ミラーさんは28歳です。

展開 何歳　例文6

導入例　上の板書を「か」を書き足しながら読み、その後「9さい」の部分を隠して?のカードを当てる。「テレーザちゃんは8歳？9歳？10歳？…何歳？ですか」と続け、板書の「9さい」を「なんさい」に書き換える。

練習　B7　与えられた人物の年齢を質問する。質問された人はB6のイラスト中の人物の名前の横に書かれた数字（年齢）を答える。

留意点 相手に向かって直接年齢を聞くことは避けたほうがよい。

Ⅲ．会話　初めまして

場面　会社で新任の社員として紹介される。
目標　簡単な挨拶と自己紹介ができる。
練習　内容確認の質問例
・（イラストの右の人を指して）だれですか。アメリカ人ですか。
・（イラストの左の人を指して）だれですか。○○さんもアメリカ人ですか。
身につけたい会話表現
・おはようございます。
・初めまして。
・どうぞよろしく。
発展　時間帯を変更して、あいさつを変えてやってみる。紹介されるのが両方外国人の場合（実際の場合）もやってみる。

留意点 練習C3同様、第1課の段階では学習者が紹介する役（山田の役）をするのは難しいので、教師がする。

Ⅳ．その他

例文
・例文1 例文2 例文3 例文5 に［　　　］が使われている。［　　　］で括られていることばは通常、会話では省略される。
・例文2 はミラーさんに対して質問がなされ、ミラーさんが答えている。例文3 のワンさん、例文5 のカリナさんについては、第三者どうしで話している。
・課の最後のまとめとして例文を読む場合、第1課の時点ではすらす

らと読めることは求めない。教師がいっしょにゆっくり読んで文字と音を一致させるのを助ける。

問題　・1、2、3（聴解）　第1課であることから、CDが速すぎて聞きとれない場合がある。その場合は、教師がゆっくり質問を繰り返すとよい。
　　　・4、5　初めての「問題」なので、答え方がわからない学習者もいる。教室でいっしょに答えを考えるようにするとよい。
　　　・6　これは各自が自分自身について書くことが求められている。

第2課

学習目標

できるようになること
・物を指し示して、それが何か聞ける。
・物の持ち主が言える。

学習すること

学習項目	文型	例文	練習A	練習B	練習C
1．これ／それ／あれは～です	1	1・2・3	1	1・2・3	1
2．～は～ですか、～ですか		4	2	4	
3．～の～（内容）		5	3	5	2
4．～の～（持ち主）	2	6	4	6	
5．～は～のです		7	5	7	
6．この／その／あの～は～のです	3	8	6	8	3

Ⅰ．新出語彙　導入の留意点

・手帳　　　　　　小さい「ノート」と思う学習者もいるので、予定表や住所録などのついた実物を見せるとよい。

・シャープペンシル　「シャーペン」と短く言うこともある。「鉛筆」と混同する学習者もいるので、実物で確認するとよい。

・かばん　　　　　物によって「バッグ」「リュック」などいろいろな名前があるが、ここでは勉強や仕事に必要な物を入れて持ち歩くものを総称して言う。

・カメラ　　　　　ここではカメラすべてを指す。デジタルカメラは「デジカメ」と言うこともある。

・［お］土産　　　「お」は名詞について、丁寧さを表す働きがある。

・～語　　　　　　『翻訳・文法解説』p.13にいろいろな国の言語の呼び方を載せている。

Ⅱ. 学習項目の導入と練習

1. これは辞書です。　これ／それ／あれはNです

物を指して、それが何かを説明する表現。この課では「これ」は話し手の近くにある物、「それ」は聞き手の近くにある物、「あれ」は、話し手、聞き手両者から離れた物を指す。

| 導　入 | これ／それ／あれは～です　文型1

実物を使って位置関係を確認しながら、「こそあ」の使い分けを理解させる。導入のまえに絵教材や実物などを使って物の名前を繰り返し、覚えさせておく。

導入例　教師の手元にある物を指して、「これ」「これ」「これ」と繰り返す。学習者の手元にある物を指して、「それ」「それ」、教師と学習者の両者から離れた所にある物を指して、「あれ」「あれ」と繰り返す。次に、手元の辞書を取り上げて、「これは辞書です」、学習者のノートを指して、「それはノートです」、教師と学習者から離れた物を指して、「あれはかばんです」のように文の形で言う。指し示す物を変えて、「これは～です」「それは～です」「あれは～です」の3文を繰り返す。

> これは　じしょです。

実物を使って文を作らせて、理解を確認する。まず、学習者に手元の物を取り上げさせ、「これは～です」、教師が取り上げた物を見て、「それは～です」、遠くの物を指して、「あれは～です」と言わせる。

練習　A1　「これは～です」の形で、(「これ」の部分を固定して、)話し手の近くにある物を言う練習。慣れてきたら、「これ」を「それ」「あれ」に置き換えて練習するとよい。
　　　B1　話し手と聞き手の位置関係によって「これ」「それ」「あれ」を使い分ける練習。

| 展開1 | これ／それ／あれは～ですか…はい、～です／いいえ、～です　例文2

質問に対し、「はい」「いいえ」で答える。「いいえ」の場合、指された物の正しい名前を知っている場合は、否定文で答えず、その名前を言う。

導入例　手元の辞書を指して、
　　　　T：これは辞書ですか。
　　　　S：はい、これ……それは
　　　　T：はい、辞書です。
　　　　本を指して、
　　　　T：これも辞書ですか。

S：いいえ、辞書じゃありません。
T：いいえ、本です。

> これは　　じしょですか。
> …はい、　　じしょです。
> …いいえ、じしょじゃ　ありません。　ほんです。

練習　B2　物の名前が正しいかどうかの質問と、それに対する答え方の練習。

展開2　はい、そうです　例文1

物の名前の代わりに「そう」が使えることを導入する。すぐにその名前を繰り返すのが難しそうな物を使うとよい。

導入例　シャープペンシルを指して、
　　　　T：これはシャープペンシルですか。
　　　　S：はい、シャー……
　　　　T：はい、そうです。

練習　QA　実物（学習者の持ち物など）や絵教材などを使って、質問応答を行う。

展開3　何　例文3

一見して何かわかりにくい物や変わった形の文房具を使うとよい。答えは「はい／いいえ」を使わず、「〜です」になることを示す。

導入例　変わった形のボールペンを取り出して、
　　　　T：これは鉛筆ですか。いいえ、鉛筆じゃありません。
　　　　　　これはシャープペンシルですか。
　　　　S：はい……
　　　　T：いいえ、シャープペンシルじゃありません。
　　　　正しい答えがわからないことを?のカードで示し、
　　　　T：これは何ですか。（ボールペンを使って書いて見せて）
　　　　　　ボールペンです。
　　　　あるいは、厚いノートにブックカバーをかけたものを見せ、自問自答する。
　　　　T：これは本ですか。いいえ、本じゃありません。
　　　　T：これは雑誌ですか。いいえ、雑誌じゃありません。
　　　　正しい答えがわからないことを?のカードで示し、
　　　　T：これは何ですか。ノートです。
　　　　中を開いて、ノートであることを示す。

> これは　なんですか。
> …ノートです。

練習　B3　B2のイラストを使って物の名前を聞き、答える練習。
　　　QA　実物（学習者の持ち物）や絵教材を使って、何かを尋ね、答える。T⇒S、S⇔Sで行う。
　　　C1　お土産を渡したり、もらったりするときの会話。
　　　　　「えっ、何ですか」は、お土産をもらったことに対する、軽い驚きと喜びの感情が出るように言えるとよい。

応用　「これは何ですか」が実際のコミュニケーションで使われる状況として、レストランのサンプルやメニュー、パーティーでの食事場面などが考えられる。余裕があるクラスでは、いろいろな料理の写真を用意し、「すみません。これは何ですか」「トンカツです」「豚肉ですか」「はい、そうです」などの会話をさせると、学習者にとっては役に立つ表現となる。『翻訳・文法解説』p. 43やp. 73の語彙が役に立つ。

留意点　質問文の「これ」「それ」は、答えの文では「それ」「これ」となることに注意（例文2）。「こ」「そ」の指示詞は話し手と聞き手の立場で違ってくる。混乱する学習者もいるので、応答練習の際には、答えは要求されている情報部分を簡潔に答えるように指導し、指示詞を使わずに答える練習をする。しかし、学習者によってはきちんと指示詞を使って答えたがる場合もあるので、その場合は間違えないように注意する。

2. それはボールペンですか、シャープペンシルですか。

これ／それ／あれはN₁ですか、N₂ですか

疑問文を並べて、正しい答えを選ばせる疑問文である。答えに「はい」「いいえ」はつけない。

導入　これ／それ／あれは〜ですか、〜ですか　例文4

一見してどちらかわかりにくい物（シャープペンシルとボールペン、本と雑誌）を取り上げて、質問する。また、ひらがな・かたかな・数字などで紛らわしいものを板書してみるのもよい。い／り、ぬ／め、シ／ツ、ナ／メ、1／7など。

導入例　ボールペンを見せて、
　　　T：これはボールペンですか。シャープペンシルですか。
　　　S：はい、ボール……
　　　T：（「はい」は不要というジェスチャーをして）ボールペンです。
次に、教師が言った数字（例：17、56、97）やひらがな（例：あ

おい、カメラ）を学習者に書いてもらい、わかりにくい字を確かめてみる。
T：それは1ですか、7ですか。
S：はい、1です。
T：1です。

> それは　1ですか、7ですか。
> 　　　…1です。

練習　A2　物の部分を入れ替えて、質問文を作る練習。
　　　B4　ことばを与えて、質問と答えを作る練習。
　　　　　実物を示したり、数字や文字を書いて示しながら練習する。
　　　QA　学習者の持ち物などを使って質問し、答えさせる。
　　　　　例：これは手帳ですか、ノートですか。

3. これは車の本です。　N_1のN_2

「N_1のN_2」の形で、N_1がN_2の内容を表す。

導入　〜の〜（内容）

表紙を見てその内容がわかるような車やコンピューターの本や雑誌などを見せ、それが何についての本や雑誌なのか説明する。

導入例　初めは表紙を見せずに本を見せて、
　　　T：これは本です。
　　　表紙を見せて、
　　　T：これは車の本です。
　　　次にコンピューターの本を取り上げ、
　　　T：これも本です。車の本ですか。
　　　表紙を見せて、
　　　T：いいえ、これはコンピューターの本です。

> これは　くるまの　ほんです。

練習　A3　「本」の内容を入れ替えて文を作る練習。
　　　文作り　準備したCDやカード、車のかぎを使って文を作らせる。
　　　　　例：『みんなの日本語』のCDを見せる
　　　　　　→それは日本語のCDです。

展開　何の〜　例文5

その内容がわからない場合、「何の」を使って尋ねることを示す。

導入例　雑誌や本の表紙を ? を当てて隠し、
　　　　T：これは車の雑誌ですか。コンピューターの雑誌ですか。わかりません。これは何の雑誌ですか。（ ? を取り）車の雑誌です。

> これは　なんの　ざっしですか。
> 　…くるまの　ざっしです。

練習　B5　イラストを見て、それぞれの物の具体的な内容を尋ね、答える練習。
　　　C2　持っている物が何か尋ねられ、その内容も併せて答える。
　　　　　「そうですか」は「わかった」ということを表すのに用いられる。下降イントネーションで発音する。

(留意点)　練習C2の「何ですか」に対して、「～の～」と内容まで併せて答えられる物は練習にある物のほかに本や雑誌などに限られる。カードは病院のカード（診察券）のほかにスーパーのカード、電車のカード（IC乗車券）などがあるが、未習語彙が多くなるので、あまり広げなくてよい。

4. それはわたしの傘です。　N_1のN_2

「N_1のN_2」の形で、N_1がN_2の持ち主を表す。

導入　〈持ち主〉の～　文型2

実際に教師や学習者の持ち物を示しながら、誰の物か説明する。

　　導入例　本やノートに書いてある持ち主の名前を読み上げ、
　　　　　　T：これはわたしの本です。これはS1さんのノートです。
　　　　　　さらにS2の持ち物を示しながら、
　　　　　　T：これはS2さんのかばんです。と言って、誰の物か説明する。

> これは　わたしの　かばんです。

学習者に自分の持ち物や相手の持ち物を指して、誰の物か言わせ、理解を確認する。

　　練習　A4　「あれ」「かばん」の部分は変えずに、持ち主を入れ替える練習。

展開　だれの～　例文6

持ち主を尋ねる場合は「だれの～」になることを導入する。

　　導入例　持ち主のはっきりしないかばんを示して、
　　　　　　T：S1さんのかばんですか。S2さんのかばんですか。

などと聞きまわったあと、?カードを見せ、
T：これはだれのかばんですか。

> これは　だれの　かばんですか。
> …さとうさんの　かばんです。

練習　　B6　イラストを見ながら、持ち主を尋ね、答える練習。

5. あれはわたしのです。　これ／それ／あれはN₁のです

「N₁のN₂」のN₂が明らかな場合、N₁（持ち主）に「の」をつけた形で言い表すことができる。

導入　〈持ち主〉のです　例文7

物の持ち主を尋ね、答えには質問と同じ語彙を繰り返す必要のないことを示す。

導入例　S1のかばんを取り上げて、S1に尋ねる。
T：これはS1さんのかばんですか。
S1：はい、わたしのかばんです。
T：はい、わたしのです。
S2に、
T：これはS2さんのですか。
S2：いいえ、わたしのかばんじゃありません。
T：いいえ、わたしのじゃありません。
クラス全体に向かって、
T：これはだれのですか。
S：S1さんのかばんです。
T：S1さんのです。
さらに、ほかの物を取り上げ、「これはだれのですか。」と尋ねて、答えさせ、持ち主に焦点があることを理解させる。

> これは　だれのですか。
> …さとうさんのです。

練習　　A5　持ち主を入れ替えて文を作る練習。
　　　　B7　B6のイラストを使って、持ち主を確かめる練習。
　　　　　　「いいえ」の場合、さらに「だれのですか。」の質問を加えて、答える練習を付け加えてもよい。

6. この本はわたしのです。　この／その／あの N₁ は N₂ のです

「この」「その」「あの」は名詞の前に置かれる。所在する位置の違いを明確にし、さらにその物の名前を言うことで、何を話題にしているかがはっきりする。

導入　この／その／あの〜　文型3　例文8

実際に物を指し「この／その／あの〜」の表現を紹介してから、「この／その／あの〜」がより具体的に誰の所有物かを特定することを示す。

導入例　教師や学習者の本を何冊か、教師のそば、学習者のそば、両者から離れた所に置き、それぞれを指しながら、教師のそばにある物は「この本」、学習者のそばにある物は「その本」、両者から離れた所にある物は「あの本」と言うことを示す。
教師や学習者のほかの持ち物をいくつか同様に置いて、
T：あれはだれのですか。
学習者が「あれ」は何かわからないという顔をしたら、
T：あのかばんはだれのですか。
同様に、学習者のそばにある物について、
T：それはだれのですか。
学習者が「それ」を特定できない様子を示したら、
T：その辞書はだれのですか。
S1：S2さんのです。
T：この辞書はS2さんのですね。このかぎは？
　　このかぎはだれのですか。
S1：わたしのです。

```
この　かぎは　だれのですか。
　　　　…わたしのです。
```

練習　A6　物の名前を入れ替えて、文を作る練習。「あの」「その」でも作らせる。
さらに、教室にある物や身近な物を使って学習者に文を作らせてみる。

B8　「この」を使ってB6のイラストの物の持ち主を尋ね、答える。

C3　持ち主を確認し、尋ねる。答える方は自分の物ではないことをはっきり伝えるか、あるいは自分の物であることを申し出、お礼を言う。

留意点　所有物かどうか尋ねられて、例文7では「いいえ、わたしのじゃありません」、練習C3では「いいえ、違います」が使われている。意味的には同じだが、明確にそうではないと言いたいときにはC3のようなやりとりが自然である。「違います」は「〜じゃありません」より強い響きを持つ。

Ⅲ. 会話　これからお世話になります

場面　引っ越し先の隣人に手土産を持って、挨拶に行く。
目標　これから付き合う人に挨拶ができる。
表現　・これからお世話になります。　今後の付き合いが予想される相手に初めて会ったときにする挨拶表現。「どうぞよろしくお願いします」とともによく使われる。

・こちらこそ［どうぞ］よろしく［お願いします］。　「どうぞよろしくお願いします」と挨拶されたときに返す表現。

練習　内容確認の質問例
　・（イラストのサントスを指して）この人はだれですか。
　・（イラストのコーヒーを指して）これは何ですか。
身につけたい会話表現
　・408のサントスです。
　・これからお世話になります。
　・これ、コーヒーです。どうぞ。

発展　テキストの会話では「サントスです」としか言っていないが、第1課で学習した表現を使って、出身地なども加えて自己紹介させる。

（留意点）1）「408」は集合住宅の居室番号。マンションなどでは居室番号と名前を告げるのが一般的。「0」を「マル」と言うことがあることも紹介しておく。
2）日本では普通、引っ越してきた方が手土産を持って隣近所に挨拶に行く。手土産は両手で渡す。

Ⅳ. その他

問題　・1－5）質問は「このかばんはあなたのですか。」となっている。「あなた」は実際にはあまり使われないが、ここでは学習者に向けられた質問に使われており、答えは「わたしのじゃありません」となる。時々「あなたのじゃありません」と答える学習者がいるので注意する。
・7　ばらばらに並べられた文の要素を正しく並べる問題。文の構造を理解しているかを問うもので、この問題形式に戸惑う学習者が出てくるかもしれない。時間に余裕がある場合は、紙片にそれぞれの語を書いたものを準備し、学習者どうしで協力し合って正しい文を作る練習を行うとよい。

第3課

学習目標

できるようになること

- 場所が示せる。場所が尋ねられる。
- 所属（国・会社・大学など）が言える。
- 値段を聞いて、簡単な買い物ができる。

学習すること

学習項目	文型	例文	練習A	練習B	練習C
1．ここは〈場所〉です	1	1	1	1	
2．〈場所・物・人〉はここです	2	2	2	2	1
3．〈物・人〉は〈場所〉です		3	3	3	
4．〈場所・物・人〉はこちらです		4	4	4	
5．国／会社は〜です		5	5	5・6	2
6．〜の〜（〜製の）		6	6	7	3
7．〜は−円です		7	7	8	

Ⅰ．新出語彙　導入の留意点

- ［お］国　　　「お」は話し手の敬意を表すので、聞き手の国を言う場合は「お国」、自分の国を言う場合は「国」と言うように指導する。

- −階　　　　「階」の前の数字が1、6、8、10の場合、発音がそれぞれ「いっ」「ろっ」「はっ」「じゅっ」となる。3の場合は「さんがい」となる。『翻訳・文法解説』p.169参照。

- 百・千　　　前に来る数字によって、発音が異なるので、『翻訳・文法解説』p.164を参考に練習する。

II. 学習項目の導入と練習

1. ここは食堂です。　ここはNです

ある場所を「ここ」「そこ」「あそこ」で指し示し、その場所が何であるかを述べる。「これ」「それ」「あれ」が物を指すのに対し、「ここ」「そこ」「あそこ」は場所を指す指示詞である。「ここ」は話し手がいる場所、「そこ」は聞き手がいる場所、「あそこ」は両者から離れた場所を指す。

導　入　ここは～です　文型1 例文1

導入のまえに絵教材で場所を表すことばを繰り返し練習し、ある程度定着させておく。第2課で学習した「これ」「それ」「あれ」を思い出させ、場所を指す場合は「ここ」「そこ」「あそこ」になることを示す。

導入例　教師が自分の周りのいろいろな物を指して「これ」と言い、自分がいる場所を指して「ここ」と言う。学習者の周りのいろいろな物を指して「それ」と言い、学習者のいる場所を指して、「そこ」と言う。（遠くの物を指して）「あれ」（遠くの場所を指して）「あそこ」と言う。次に、絵教材の場所の絵を教室内に配置する。例えば教師（話し手）の近くに「食堂（N15右）」、学習者（聞き手）の近くに「受付（N17左）」、両者から遠い所に「トイレ（N18右）」を配置する。
Ｔ：ここは食堂です。そこは受付です。あそこはトイレです。

```
ここは　　しょくどうです。
そこは　　うけつけです。
あそこは　　トイレです。
```

『翻訳・文法解説』p. 26 より

右上のようなイラストをかいて示すとよい。
学習者にも言わせて確認する。

練習　A1　「ここは～です」の形で、その場所が何かを言う練習。さらに、町の地図や日本地図、世界地図を使って練習する。
　　　B1　イラストを見て、「ここは～です」の形で、その場所が何かを言う。
　　　文作り　導入　で使った状況を使って、学習者を移動させ、「そこは～」「あそこは～」と言わせる。

留意点　二人が同じ場所にいるときは、二人がいる場所が「ここ」、二人から少し離れた所が「そこ」、遠い所が「あそこ」になる（『翻訳・文法解説』p.26の下のイラスト参照）。2つの意味を同時に導入すると混乱するので、この課では練習しないが、学習者が耳にして疑問を持てば、説明するとよい。

2. エレベーターはあそこです。　Nはここ／そこ／あそこです

ある場所や人や物を取り上げて、話し手との位置関係からそれがどこにあるかを述べる。

導入　〜はここ／そこ／あそこです　文型2

ある場所を探している場面を演じると、その場所を取り立てて話していることがわかりやすく、項目1「ここは〜です」との違いが示せる。

導入例　絵教材の場所の絵を教室内に貼る。例えば教師（話し手）の近くに「受付（N17左）」、学習者の一人（聞き手）の近くに「トイレ（N18右）」、両方から遠い所に「エレベーター（N19）」を貼る。
教師がトイレを探す。
T：トイレ、トイレ、トイレは？
S：ここ……
T：トイレはここです。
次に受付を探す。
T：受付は？
S：受付はそこです。
最後にエレベーターを探す。
T：エレベーターは？
S：エレベーターはあそこです。

> エレベーターは　あそこです。

練習　A2　「ここ／そこ／あそこ」を使って、受付がどこにあるかを言う練習。さらに、受付の代わりにほかの場所を使って「〜はここ／そこ／あそこです」を練習する。

展開　どこ　例文2

導入例　導入の場面をもう一度演じ、「エレベーターは？」「エレベーターはどこですか」と疑問詞を使って質問する。

> エレベーターは　どこですか。
> 　…あそこです。

練習　A2　「〜はどこですか」の形の確認。
さらに、受付の代わりにほかの場所を使って練習する。
B2　与えられたことばを使って「〜はどこですか。」の文を作り、イラストを見て「ここ／そこ／あそこです」で答える練習。例と1)は「場所」、2)は「物」、3)は「人」について尋ねている。

  QA 教室にある物や人について教師が質問する。学習者が「ここ／そこ／あそこ」を使って答えやすいように、物を置いたりするとよい。
    例：Ｓさんのかばんはどこですか。（ＣＤを教師の近くの見えにくい所に置いて）ＣＤはどこですか。Ｓさんはどこですか。
  Ｃ１ 探している場所がどこにあるかを尋ねる。
    「すみません。」と話しかけ、教えてもらったお礼を言う。第２課の会話で「どうもありがとうございます。」を学習したが、ここでは「どうも。」と省略されている。

3. 自動販売機は２階です。　Nは〈場所〉です

「Nはどこですか」の問いに「ここ／そこ／あそこです」ではなく、具体的な場所を示して答える文である。

導入　〜は〈場所〉です　例文３

その場から見えない物、指し示せない物の場所を尋ねるやりとりをする。

  導入例 まず、教室にある物について、どこにあるか尋ねる。
    Ｔ：電話はどこですか。
    Ｓ：あそこです。
    次に、教室にない物について、どこにあるか質問する。
    Ｔ：自動販売機はどこですか。
    Ｓ：（２階の方向を指して）あそこです。
    Ｔ：２階です。

> じどうはんばいきは　どこですか。
> 　　　　　　　　…２かいです。

  人の場合も同様であることを確認する。
    Ｔ：田中先生はどこですか。
    Ｓ：事務所です。

  練習 Ａ３ 物や人の存在する場所を、場所の名前を用いて言う練習。
    Ｂ３ 与えられたことばを使って「〜はどこですか」の文を作り、「〈場所〉です」で答える練習。
    ＱＡ 実際の状況に合った質問応答を行う。
      例：自動販売機はどこですか。→ロビーです。

4. 事務所はあちらです。　Nはこちら／そちら／あちらです

「こちら／そちら／あちら」は方向を表す指示詞であるが、「ここ／そこ／あそこ」の代わりに使われ、丁寧な気持ちが表される。

| 導 入 | ～はこちら／そちら／あちらです

客と店員、先生と生徒など、丁寧な聞き方や答え方をする必要がある状況を設定して、導入する。

導入例　絵教材「デパート（N22）」を見せて、「ここはデパートです」と言って場面を示し、教師が客と店員のやりとりを見せる。
　　　　客：エレベーターはどこですか。
　　　　店員：エレベーターはあちらです。

> エレベーターは　どこですか。
> 　　　　…あちらです。

「エレベーターはあちらです」は「エレベーターはあそこです」と同じ意味であるが、丁寧さが違うことを態度などで伝える。「丁寧」の各国語を準備しておき、見せるとよい。

練習　A4　物の存在する場所を「こちら／そちら／あちら」を用いて言う練習。人の存在する場所についても練習する。

| 展 開 | どちら　例文4

「どちらですか」と丁寧に聞く場面を設定する。

導入例　教師が学生と先生の役を演じ、学生に質問する場合と先生に質問する場合の会話をする。
　　　　学生1：あのう、事務所はどこですか。
　　　　学生2：あそこです。
　　　　　　　　　︙
　　　　学生1：すみません。事務所はどちらですか。
　　　　先生：あそこです。

> じむしょは　どちらですか。
> 　　　　…あそこです。

「どちらですか」「どこですか」は同じ意味であるが、先生には丁寧なことばを使っていることを確認する。「丁寧」の各国語訳も活用するとよい。

練習　A4　「～はどちらですか」の形を確認する。さらに「エレベーター」をほかのことばに変えて練習する。「人」についても練習する。
　　　B4　与えられた語を用いて、「～はどちらですか」という質問を作り、「あちら／こちら／そちら」や場所を示す名詞を用いて答える。

　　　　発展　練習C1の「どこ」「あそこ」を「どちら」「あちら」に変えて、
　　　　　　　丁寧な会話を作る。「どうも」は「どうもありがとうござい
　　　　　　　ます」にする。

5. 国はフランスです。　国／会社はＮです

国、会社、大学など、所属する場所や組織の名前を言う言い方である。尋ねる場合、疑問詞は「どこ／どちら」を用いる。

　導　入　　国／会社は〜です

　　　自己紹介の「〜から来ました」から、「国は〜です」に、「〜の社員です」から、「会社は〜です」につなげる。

　　　導入例　T：ミラーさんはアメリカから来ました。ミラーさんの国はアメリ
　　　　　　　　　カです。ミラーさんはIMCの社員です。ミラーさんの会社は
　　　　　　　　　IMCです。

```
　　くには　　　アメリカです。
　　かいしゃは　　IMCです。
```

　　　確認として、学習者に自分の国を言わせる。

　展　開　　[お] 国／会社はどちらですか　例文5

　　　導入例　T：S1さんの国はタイです。S2さんの国は中国です。
　　　　　　　　　S3さん、お国は？　お国はどちらですか。
　　　　　　　S3：アメリカです。

```
　　　おくには　どちらですか。
　　　　　…アメリカです。
```

　　　「[お] 国」の代わりに、「会社」「大学」「病院」など学習者に応じたことばを入れて、所属先を質問する。

　　　練習　A5　国・会社・大学などを入れ替えて、所属を言う練習。
　　　　　　B5　一人がイラストの登場人物になり、その人に対して国を尋ねる質問応答練習。
　　　　　　B6　一人がイラストの登場人物になり、その人に対して会社・大学を尋ねる質問応答練習。
　　　　　　QA　実際の状況に合わせて、学習者の出身国や会社・学校などを尋ねる。T⇒S、S⇔Sで行う。
　　　　　　C2　国名や、自宅の所在地を尋ねる。
　　　　　　発展　世界地図や学習者の国の地図を見ながら、学習者どうしで国

やうちの所在地を尋ね合う。

例　A：うちはどちらですか。
　　B：バンドンです。
　　A：バンドン？　どこですか。
　　B：（地図を示して）ここです。
　　A：そうですか。

留意点「会社はどちらですか」という質問には「IMCです」と「大阪です」の二通りの答え方がある。相手がどこの会社で働いているかを知らない場合は、場所よりも、会社名を聞くことが多いので、ここでは会社の名前を答える練習を中心にする。

6. これは日本の車です。　N_1（国名／会社名）のN_2

「N_1のN_2」は、N_1が国の名でN_2が製品の場合、「N_1の」は「その国製の」という意味になる。N_1が会社の名前でN_2が製品の場合、「N_1の」は「その会社製の」という意味になる。どちらの場合にもN_1を質問する疑問詞は「どこ」を用いる。

導入　〈国名／会社名〉の～

時計、かばん、服など、どこの製品か書かれている物やメーカー名、ブランド名が書かれている物を用いて、学習者にその部分を見せるとよい。

導入例1　時計の文字盤の裏を見せる。
　　　　T：メイドインスイス。これはスイスの時計です。
　　　　時計の文字盤を見せる。会社の名前あるいはブランド名を読む。
　　　　T：これは○○○（会社名／ブランド名）の時計です。

導入例2　いろいろな車の写真を見せる。
　　　　T：これは日本の車です。
　　　　T：これはイタリアの車です。

> これは　にほんの　くるまです。

確認のため、学習者に自分の持ち物について文を作らせるとよい。

練習　A6　「これは～の～です」の形の練習。
　　　　　さらに、国名と品名を与えて、練習を加えてもよい。
　　　　　例：イギリス・チョコレート
　　　　　　→これはイギリスのチョコレートです。

展開　どこの～　例文6

どこの製品かを問う質問文を導入する。

導入例　導入の板書の文末に「か」をつけ、「にほん」のところに?を置く。

> これは　どこの　くるまですか。
> …にほんの　くるまです。

練習　A6　「これはどこの〜ですか」の形の練習。さらに、車に代えて、ほかの物で練習する。
　　　B7　イラストを見て、どこの国の製品かを質問し、与えられた国名を答える。さらに、学習者どうしで相手の持ち物について質問し合う。

7. この時計は18,600円です。　Nは−円です

導入　〜は−円です

この文型を導入するまえに、大きい数字の練習をしておく。『翻訳・文法解説』p.164を参照。値札のついた物をいくつか用意する。

導入例　教科書の値段を示して、
　　　　T：この本は2,500円です。
　　　　値札のついた時計を示して、
　　　　T：この時計は18,600円です。

> この　とけいは　18,600えんです。

練習　A7　「〜は−円です」の形の練習。
文作り　値段を書いた物／値札をつけた絵を準備して、物の値段を言う練習をする。

展開　いくら　例文7

導入例　教師が一人二役で買い物場面を演じる。
　　　　値札をつけた時計の絵や写真を準備しておく。
　　　　店員：いらっしゃいませ。
　　　　客　：すみません。これは（1つの時計を取り上げてまじまじと見る。値札を見て）15万円!!
　　　　店員：それはスイスの時計です。
　　　　客　：（店員の近くの時計を指して）その時計は？
　　　　店員：これは日本の時計です。
　　　　客　：あのう、その時計はいくらですか。
　　　　店員：18,600円です。

> その　とけいは　いくらですか。
> …18,600えんです。

練習　A7　「〜はいくらですか」の形を確認して練習。
　　　B8　B7のイラストを見て、物の値段を聞いたり答えたりする。
　　　QA　各自が持っている物の値段を聞き合う。自国通貨で答えてもよい。
　　　C3　会話につながる練習。「インドネシアのコーヒーです」ではなく、「インドネシアのです」となっているのに注意する。
　　　発展　値札をつけたいろいろな物を使って店員と客のやりとりをする。フリーマーケットのような設定にすると、いろいろな物を扱うことができる。

Ⅲ．会話　これをください

　　　場面　デパートでワインを買う。
　　　目標　買いたい物を売っている場所を尋ね、簡単な買い物ができる。
　　　表現　・［〜を］ください。　ここでは買うことを決めたことを伝える表現として使う。
　　　練習　内容確認の質問例
　　　　　　・ワイン売り場はどこですか。
　　　　　　・ワインはいくらですか。
　　　　　身につけたい会話表現
　　　　　　・すみません。
　　　　　　・どうも。
　　　　　　・じゃ、これをください。
　　　発展　『翻訳・文法解説』p. 25の「デパート」の案内図を使って学習者が買いたい物についての会話を作るとよい。

Ⅳ．その他

　　　例文　・ 例文1　電車などに乗っていて、駅に着いたが、どこの駅かわからず尋ねている場面である。

第4課

学習目標

できるようになること
- 時刻、曜日が言える。
- 簡単な日常の行動が言える。

学習すること

学習項目	文型	例文	練習A	練習B	練習C
1．－時－分です	1	1	1	1・2	
2．～は～曜日です		2	2	3	
3．～は－時から－時までです		3	3	4	1
4．－時に～ます	2	4	4	5	2
5．－時から－時まで～ます		5	5	6	3
6．～ます／ません／ました／ませんでした	3	6・7	6・7	7・8・9	

Ⅰ．新出語彙　導入の留意点

- 休み　　　　「昼休み」は「休憩時間」、「休みは○曜日です」は「仕事をしない日／営業しない日」の意味、「Sさんは休みです」は「欠席／欠勤している、休暇中」の意味である。

- 午後　　　　「午後何をしますか」という場合、昼食後から夕飯のまえごろまでを指す。

Ⅱ．学習項目の導入と練習

1. 今4時5分です。　－時－分です

時刻を表す言い方である。「－時」の前の数字の読み方、および、数字によって「分」の読み方が変わることに注意。『翻訳・文法解説』p.166参照。

導入　－時－分です　文型1

時計（針が動かせるもの）、時間を書いた文字カードを準備する。
時計の針を動かしながら時刻の言い方を導入する。ここでは「分」は5分刻みの言い方のみ扱う。

導入例1　まず「－時」のみ練習する。長い針を固定し、短針を動かしながら、1時、2時、3時、5時、6時、8時、10時、11時、12時を繰り返す。次に「4時（よじ）」「7時（しちじ）」「9時（くじ）」の言い方を導入する。
続いて、「－分」を導入する。「5ふん、15ふん、25ふん…」と5のつくものを繰り返す。次いで、「じゅっぷん、にじゅっぷん、…」と10のつくものを導入し、発音が「っぷん」になることを確認する。

導入例2　時計の針を10時10分にして、「今、10時10分です」。

> いま　10じ　10ぷんです。

口慣らしをいくつかしたあと、30分は「半」と言うことを導入する。

練習　A1　時刻の言い方の練習。
　　　　　時刻を書いた文字カードを使った練習を加える。
　　　B1　時計を読み取って時刻を言う練習。

留意点　余裕がある場合は『翻訳・文法解説』p.166を使って、1分刻みの言い方を導入、練習してもよい。1、6、8、10が「っぷん」、3、4が「ぷん」、2、5、7、9が「ふん」になる。

展開　何時　例文1

導入例1　時計をしてくるのを忘れたジェスチャーをして、学習者に「今、何時ですか」と聞く。上の板書に書き足す。

> いま　なんじですか。
> …10じ　10ぷんです。

QA　T⇒S、S⇔Sで、時計や文字カードを使って時刻を聞くやりとりをする。

導入例2 絵教材（N25）を示して、「午前、午後」を導入する。
　　　　空港などにある世界の時刻を示した地図を見せて、
　　　　T：東京は18時です。午後6時です。ニューヨークは4時です。
　　　　　午前4時です。
　　　　実際の時間を見て（切りのいい時間を見計らって）、
　　　　T：今、何時ですか。　　　　　　S：今○時です。
　　　　T：午前ですか、午後ですか。　　S：午後○時です。
　　　　T：Sさん、お国はどちらですか。　S：タイです。
　　　　T：うちはバンコクですか。　　　S：はい。
　　　　T：バンコクは今何時ですか。　　S：午後○時です。

　　　　　　| バンコクは　いま　ごご　○じです。 |

　　　　学習者がうまく答えられない場合は、上に準備した地図や時計を示
　　　　して手助けをする。

　　練習　B2　与えられた地名の時間を尋ね、答える。
　　　　QA　例文1 を参考に、学習者の国の現在の時刻を質問し合う。

2. 休みは水曜日です。　Nは〜曜日です

Nが試験、会議、コンサートなど行事の場合はそれが行われる曜日を表す。

導　入　〜は〜曜日です

カレンダーと予定表を使って、「きょう、あした、あさって」、および、イベントの行われる日が何曜日であるかの言い方を導入する。

　　導入例1　カレンダーで曜日の言い方を繰り返し練習する。そのあと、「きょう、
　　　　　　あした、あさって」を導入し、カレンダーの実際の日を指して、
　　　　　　T：きょうは○曜日です。あしたは○曜日です。あさっては○曜日
　　　　　　　です。（何度か繰り返す。）

　　導入例2　試験や会議の予定の入った週間予定表を見せ、
　　　　　　T：試験は金曜日です。会議は月曜日です。休みは土曜日です。

　　　　　　| やすみは　どようびです。 |

　　練習　文作り　ことばを与えて「〜は〜曜日です」の文を作る。
　　　　　　　　　例：試験・月曜日→試験は月曜日です。

展開1　〜と〜　例文2

名詞と名詞をつなぐ場合に用いる「と」を導入する。

導入例　T：Sさんの先生はだれですか。　S：田中先生、佐藤先生。
　　　　T：田中先生と佐藤先生です。　　S：田中先生と佐藤先生です。
　　　　T：休みは？　　　　　　　　　　S：土曜日と日曜日です。

> やすみは　どようびと　にちようびです。

練習　　文作り　ことばを与えて文を作らせる。
　　　　　　　　例：会議・水曜日・金曜日
　　　　　　　　　→会議は水曜日と金曜日です。

展開2　何曜日　例文2

上の板書の「どようびと　にちようび」の上に ? カードを置く。学習者から「なんようび」が出たら、それを捉えて「休みは何曜日ですか」と言いながら、板書を書き換える。

練習　　A2　曜日の部分を入れ替えて、休みが何曜日かを言う練習。
　　　　B3　予定表を見ながら、曜日や予定について尋ねたり、答えたりする練習。「きょう」は火曜日であることを確認しておく。
　　　　QA　B3を参考に、教師や学習者の実際の予定について、質問応答する。

3. 昼休みは12時から1時までです。　Nは－時から－時までです

「から」は時間・場所の起点を表し、「まで」は時間・場所の終点を表す。
「Nは－時から－時までです」は、Nが始まる時間、終わる時間を表す。Nは昼休みや、店や会社、イベントなど。

導入　～は－時から－時までです　例文3

銀行やデパート、公共施設などの絵教材を準備し、それらの営業（開館）時間について尋ねたり答えたりする。

導入例　図を書いて、絵教材を貼って説明する。
　　　　T：ミラーさんの会社はIMCです。IMCは午前9時からです。午後5時までです。IMCの昼休みは12時から1時までです。

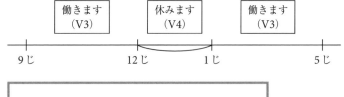

> ひるやすみは　12じから　1じまでです。

練習　　A3　時刻を入れ替えて「－時から－時までです」の練習。

　　　　　文作り　ことばを与えて「－時から－時までです」の文を作らせる。
　　　　　　　　　例：銀行・9時・3時→銀行は9時から3時までです。

|展　開| **何時から何時までですか**　例文3

　　　　　導入例　上の板書の時間のところに ? カードを置き、学習者の反応を待つ。
　　　　　　　　　「なん」と言ったら、板書を「なんじからなんじまでですか」に書
　　　　　　　　　き換える。
　　　　　練習　　B4　与えられたことばと時間を使って営業時間を尋ねたり、答え
　　　　　　　　　　　たりする練習。
　　　　　　　　　C1　公共施設が開いている時間と休みを尋ねる。
　　　　　　　　　発展　ほかの施設や機関などについて日本人に実際の場合を聞く課
　　　　　　　　　　　題を出し、クラスで報告する。

(留意点)「から」と「まで」は常にいっしょに使われるのではなく、別々にも使われ
　　　　るので、「から」だけ、あるいは「まで」だけを使った練習もしておくとよい。

4. 毎朝6時に起きます。　－時にVます

この課で初めて動詞文が出てくる。ここではまず、「～ます」の形（非過去の肯定形）
で習慣的な行為または未来の行為を述べる用法を扱う。疑問文は、名詞文と同様、語
順を変えず、文末に助詞「か」をつけて作る。
「6時に」のように、時を表すことばの後ろにつく助詞「に」は、動作の行われる時
点を示す。「に」は数字を含むことばの後ろ（例：6時、7月2日など）にはつけるが、
曜日や「あさ、ひる、ばん、よる」にはつけてもつけなくてもよい。このテキストで
は、「に」をつけない言い方を扱う。

|導　入|　－時に～ます　文型2

　　　　　　絵教材「起きます（V1）」「寝ます（V2）」の絵を使って、動詞の「Vます」
　　　　　　の形（非過去の肯定形）を導入する。
　　　　　導入例　「起きます」の絵の中の時計の時間を指して、「6時に起きます」。「寝
　　　　　　　　　ます」の絵の中の時計を指して「11時に寝ます」。

　　　　　　　　　┌─────────────┐
　　　　　　　　　│　6じに　おきます。　│
　　　　　　　　　└─────────────┘

　　　　　練習　　A4　時刻を入れ替えて、「～に起きます」の練習。同様に「～に
　　　　　　　　　　　寝ます」を練習する。
　　　　　　　　　文作り　「毎朝、あした」などの時のことばと時刻、「起きます」「寝
　　　　　　　　　　　ます」のいずれかを与えて、文を作る練習。
　　　　　　　　　　　例：今晩・12時半・寝ます→今晩12時半に寝ます。

| 展　開 | 何時に～ますか　例文4

導入例　上の板書の「6」の上に?を置き、学習者から「なん」を引き出す。

> なんじに　おきますか。
> …6じに　おきます。

練習　B5　時を表すことばとイラスト（「起きます」、「寝ます」のいずれか）に従って質問文を作り、イラストにある時間を見て答える。
　　　C2　試験や会議などの開始時間、終了時間についてのやりとり。「終わります」の意味を絵教材（V6）で確認しておく。「IMCは9時から5時までです。IMCは5時に終わります。」

5. 朝9時から5時まで働きます。　-時から-時までVます

「働く」「休む」「勉強する」などの行為が行われる時間帯、あるいは始まる時刻、終わる時刻を表す言い方である。

| 導　入 | －時から－時まで～ます　例文5

絵教材「働く」「休む」「勉強する」を使って、学習者の生活を説明する。

導入例　下のような図を書いて、絵教材を貼って説明する。

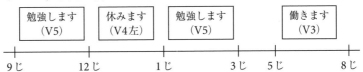

T：Sさんは毎日9時から12時まで勉強します。昼12時から1時まで休みます。午後1時から3時まで勉強します。5時から8時まで働きます。

> あさ　9じから　12じまで　べんきょうします。

練習　A5　時刻や曜日を入れ替えて「～から～まで～ます」の練習。
　　　文作り　与えられたことばと絵教材を使って、文を作る練習。
　　　　　　　例：ミラーさん・9時・5時・絵教材「働きます（V3）」
　　　　　　　　→ミラーさんは9時から5時まで働きます。

| 展　開 | 何時から何時まで～ますか　例文5

導入例　板書の時刻の部分に?を置き、学習者から「なん」を引き出す。文末に「か」を書き加える。

練習　B6　与えられたことばを使って質問を作り、括弧内の時間を使って答える。

(留意点) 1）項目5までは「Vます」の形（非過去・肯定）のみで練習する。
2）「～は－時から－時までです」と「～は－時から－時までVます」がどう違うかという質問が出たら、前者の主題は会社や店、イベントなどで、それらの開始・終了時間を表すが、後者の主題は人で、その人が示された時間に何をするかを表すことを説明する。
例：会社は9時から5時までです。
　　わたしは9時から5時まで働きます。

6. わたしはきのう勉強しました。　Vます／Vません／Vました／Vませんでした

「Vます」は現在の習慣的な事柄や真理を述べる場合と未来に行う（起きる）事柄を述べる場合に使う。「Vます」の否定は「Vません」、過去形は、肯定が「Vました」否定が「Vませんでした」となる。

導入　～ます・～ました　文型3

カレンダーを使って、動詞の時制を導入する。導入のまえに、時を表すことば「おととい・きのう・きょう・あした・あさって、けさ、今晩」を定着させておく。「あした、あさって」と言いながら未来という意味で自分より前を指す。「きのう、おととい」と言いながら、過去を意味するという意味で自分より後ろを指す。練習の際、前が未来、後ろが過去であることを教師と学習者の間の合図とするとよい。

導入例　『翻訳・文法解説』p.165の上段の表を見て、時の表現を練習する。
次にカレンダーの日を指しながら、
T：あした、勉強します。あさって、勉強します。きのう、勉強し……ました。おととい、勉強し……ました。毎日勉強します。

> あした　べんきょうします。
> きのう　べんきょうしました。

練習　A6　形の確認。「ます」が習慣と未来を表すことを確認する。さらに「時を表すことば」を入れ替えて、「～ます」「～ました」を練習する。
　　　B7　与えられた時を表すことばと、イラストが表す動詞を組み合わせて時制に気をつけながら文を作る。

(留意点) 「きょう」は今の時点を境に「ます」と「ました」に分かれることを下図を示して説明する。

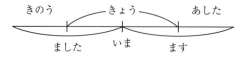

| 展　開 | ～ません／～ませんでした　　例文6 例文7

導入例　　導入 の板書を指し、
　　　　　T：きょうは木曜日です。あしたは金曜日です。勉強しますか。
　　　　　S：はい、勉強します。
　　　　　T：あさっては土曜日です。勉強しますか。
　　　　　S：いいえ、勉強……じゃありません？
　　　　　T：いいえ、勉強しません。
　　　　　　（カレンダーの水曜日を指して）きのう勉強しましたか。
　　　　　S：はい、勉強しました。
　　　　　T：（前の週の日曜日を指して）勉強しましたか。
　　　　　S：いいえ、勉強しません……
　　　　　T：いいえ、勉強しませんでした。

> あした　　　べんきょうしますか。
> …はい、　　べんきょうします。
> …いいえ、べんきょうしません。
> きのう　　　べんきょうしましたか。
> …はい、　　べんきょうしました。
> …いいえ、べんきょうしませんでした。

練習　　A7　　動詞の非過去の肯定・否定、過去の肯定・否定の形の確認。
　　　　口慣らし　絵教材を使って、「～ます／ません／ました／ませんでした」の口慣らしをする。
　　　　B8　　与えられた質問に対して「はい」「いいえ」の指示に従って答える。
　　　　B9　　第4課で学習した動詞と学習項目を使った総合練習である。
　　　　　　　1）2）は例1に倣い、「〈時を表すことば〉、何時に～ます／ましたか」の質問文を作り、（　　　）に与えられた時刻で答える。3）4）は例2に倣い「〈時を表すことば〉、何時から何時まで～ます／ましたか」の質問応答。
　　　　C3　　何時まで勉強して、何時に寝たかを話題にして、勉強の大変さを話す。「大変ですね」の「～ね」は、聞き手に同意を期待するときや、確認をしたり、念を押したりするときに用いられる。
　　　　発展　　学習者の実際の状況に合わせて、勉強やアルバイトの大変さについて話す。

留意点　学習者が「はい、～ます」の代わりに「はい、そうです」を使うことがある。「そう」は名詞の代わりに使う。動詞は同じことばを繰り返して応答するよう指導する。

Ⅲ．会話　そちらは何時までですか

場面　店の電話番号を尋ねる。電話で営業時間や休業日を聞く。
目標　電話番号が聞ける。営業時間や休業日が聞ける。
表現　・「5275の2725」　「の」はその前が地域の局番であることを示す。最近は「の」を入れないことも多い。
練習　内容確認の質問例
　　・「あすか」の電話番号は何番ですか。
　　・「あすか」は何時までですか。
　　・休みは何曜日ですか。
　　身につけたい会話表現
　　・5275の2725（電話番号の言い方）
　　・すみません。そちらは〜
　　・そうですか。どうも。
発展　実際にレストランや店の電話番号を調べて電話をかけ、営業時間や休業日を聞いてみる。

Ⅳ．その他

問題　・6−例2　「電話はどこ（×）ですか」の（×）は、ここには助詞が不要だという意味である。

第5課

学習目標

できるようになること
- 目的地と、そこへ行く交通手段が言える。
- 乗り物を利用して、目的地へ行ける。

学習すること

学習項目	文型	例文	練習A	練習B	練習C
1．〈場所〉へ行きます	1	1・2	1	1・2	1
2．〈乗り物〉で行きます	2	3	2	3	2
3．〈人〉と行きます	3	4	3	4	
4．〈日時〉に行きます		5	4	5・6・7	3
5．誕生日は－月－日です		6		8	

Ⅰ．新出語彙　導入の留意点

- 行きます　　　目的地に向かって話し手が現在いる場所から遠ざかる様子を示すとよい。

- 来ます　　　　別の場所から話し手が現在いる場所に近づいてくる様子を示すとよい。この課では「わたしは～へ来ました」の形で使っている。

- 帰ります　　　話し手が元いた場所（例：うち）に移動する様子を示すとよい。

- 彼／彼女　　　第三者を表す場合と「恋人」を表す場合がある。第三者を表す場合は「あの男の人」「あの女の人」の意味。ただし、目上の人については使わない。

- －月－日　　　月日は項目4の導入時に導入してもよい。

Ⅱ．学習項目の導入と練習

1. わたしは京都へ行きます。 〈場所〉へ行きます／来ます／帰ります

「行きます」「来ます」「帰ります」は移動を表す動詞で、移動の方向は助詞「へ」で示す。

導入 ～へ行きます 文型1

「行きます」は話し手（わたし）が自分のいる場所から遠ざかる行為であることを視覚的に示す。目的地を定め、そこに向かって移動するときに「～へ」と言うことを動きで示す。なお、「行きます」「来ます」「帰ります」の移動の方向が混乱しやすいので、項目1と2では「行きます」のみで練習する。

導入例 教室の壁の数か所に場所の絵教材を貼る。「わたしはスーパーへ行きます」と言って、スーパー（N27左）の絵の所へ移動する。「銀行へ行きます」と言って、スーパーから銀行（N4）の絵の所に行く。

> ［わたしは］　スーパーへ　いきます。

練習
- A1　場所の名詞を入れ替えて、「～へ行きます」の練習。
- B1　イラストを見て「～へ行きます」の文を言う練習。さらに第4課までに出てきた場所の名詞の絵教材も使って練習する。

文作り　「きのう」「けさ」「来週」など、時を表すことばを使って、動詞の時制を変えて練習する。

　例　T：（スーパーの絵を示して）きのう
　　　S：きのうスーパーへ行きました。
　　　T：（銀行の絵を示して）あした
　　　S：あした銀行へ行きます。

ここで動詞の時制を変える練習を十分にしておくと、次の疑問詞疑問文の練習がやりやすくなる。学習者がまだ十分に時を表すことばを習得していない場合は、カレンダーを使って理解を助けるとよい。

留意点 このテキストでは助詞「へ」のみを提示しているが、「に」も使われる。「～に（行きます）」を習い覚えてきた学習者がいる場合、あえて修整する必要はない。また、「に」と「へ」の違いにはあえて言及しない。（このテキストでは第29課（初級Ⅱ）で「に」を学習する。）

展開1 どこへ行きますか　例文1

導入例　導入の板書の「スーパー」の部分に ? を置き、学習者に疑問詞を考えさせる。「どこ」が出たら、それを捉えて「どこへ行きますか」と言いながら、板書を書き換える。

> どこへ　いきますか。
> …スーパーへ　いきます。

展開2　どこ［へ］も行きません　例文2

問われる範疇のものすべてを否定する言い方である「〈疑問詞〉も＋否定」を導入する。「どこも行きません」は「どこへも行きません」とも言う。

導入例　T：日曜日どこへ行きますか。
　　　　S1：京都へ行きます。
　　　　S2：デパートへ行きます。
　　　　T：わたしは京都へ行きません。
　　　　　　デパートへ行きません。
　　　　　　月曜日から土曜日まで働きます。
　　　　　　（疲れたジェスチャー、うちで休む絵を見せて）
　　　　　　日曜日はどこも行きません。

> …どこも　いきません。

練習　B2　疑問詞「どこ」を使った質問応答練習。時制に気をつけるように言う。4) のイラストは「どこも」で答える。
　　　QA　例文1、例文2を参考に、T⇒S、S⇔Sで実際にどこへ行くか、行ったか、聞き合う。
　　　C1　日曜日の外出予定を聞く。
　　　　　「そうですね」は、相手の言ったことに同意を示す表現である。「あ、そうですね」は相手に言われて、そのこと（ここでは「あしたは日曜日だ」ということ）に気付いたことを表している。
　　　発展　学習者の実際の場合について、お互いにやりとりする。

2. わたしはバスで会社へ行きます。　〈乗り物〉で行きます／来ます／帰ります

助詞「で」は手段、方法を示す。移動の動詞とともに用いて乗り物などの交通手段を示す。徒歩の場合は「歩いて」になる。

導入　～で行きます　文型2

項目1の導入と同様に、交通手段と移動を視覚的に示すとわかりやすい。

導入例　「バス」の絵を持ち、「わたしはバスで会社へ行きます」と言って、壁に貼った「会社」の絵の方へ移動する。
　　　　次に歩く動作を強調しながら「わたしは歩いてスーパーへ行きます」。

> バスで　かいしゃへ　いきます。
> あるいて　スーパーへ　いきます。

「歩いて」は「で」がつかないことに留意させる。

練習　A2　「乗り物」を入れ替えて、「～で会社へ行きます」の練習。
文作り　交通手段と行き先を与えて文を作らせる。
学習者の知っている交通機関や場所も入れるとよい。
例：JR・新宿→JRで新宿へ行きます。
　　歩いて・○○スーパー→歩いて○○スーパーへ行きます。

[展　開] 何で行きますか　[例文3]

導入例　上の板書の「バス」の上に[?]カードを置く。学習者から「なん」が出たら、それを捉えて「何で会社へ行きますか」と言いながら、板書を書き換える。

練習　B3　「何で～へ行きますか」の質問文を作り、イラストの指示に従って答える練習。
QA　学習者に実際に交通手段を聞く。単に「電車」「バス」と答えるだけでなく、私鉄名や「JR」など学習者が知っている固有名詞で答えてもよい。
例　T：日曜日、どこへ行きましたか。
　　S：○○へ行きました。
　　T：何で行きましたか。
　　S：△△電車で行きました。

[留意点] 交通手段を聞く場合は「なんで」「なにで」の両方の言い方ができるが、このテキストでは、「なんで」を教えている。「何」のあとに「た行」「だ行」「な行」（t、d、nの音）が来るときは、原則として「なん」と発音されるためである。ただし、「なんで」は理由を尋ねるときにも使われるので、手段を尋ねていることをはっきりさせたい場合に「なにで」が用いられることもある。学習者から質問があれば、「なにで」も使われること、「なんで」には「どうして」の意味もあることを教えてもよい。

3. わたしは家族とディズニーランドへ行きます。

〈人〉と行きます／来ます／帰ります

動作を共にする人は助詞「と」で示す。単独で動作を行う場合は「一人で」を使う。

[導　入] ～と行きます　[文型3]

「と」を導入する。誰かといっしょに行くことが多いと思われる場所を例にするとよい。

導入例　T：わたしは日曜日ディズニーランド（Sがよく知っている場所）
　　　　　へ行きます。（家族の絵教材（N30）を見せて）家族とディズニー
　　　　　ランドへ行きます。

> かぞくと　ディズニーランドへ　いきます。

練習　　文作り1　板書の「かぞく」を入れ替えて練習する。第5課の新出
　　　　　　　　　語彙のほかに、クラスメートの名前や、先生の名前も使
　　　　　　　　　うとよい。
　　　　文作り2　「時」「人」「行き先」を与えて「行きます／行きました」
　　　　　　　　　の文を作らせる。
　　　　　　　　　例：きのう・友達・京都
　　　　　　　　　　　→きのう友達と京都へ行きました。

展開　だれと行きますか／一人で行きます　例文4

導入例1　上の板書の「かぞく」の上に?を置く。学習者から「だれ」が出
　　　　　たら、それを捉えて板書を書き換える。

導入例2　教師が一人二役を演じて会話する。
　　　　　A：わたしは家族とディズニーランドへ行きます。
　　　　　　　○○さんは？
　　　　　B：（指で1を示し）わたしは一人でディズニーランドへ行きます。

> だれと　いきますか。
> …かぞくと　いきます。
> …ひとりで　いきます。

練習　　B4　　誰と行くかを尋ねる質問応答練習。さらに「きのう、先週」
　　　　　　　などの時を表すことばをキューに加えると難易度の高い練習
　　　　　　　になる。
　　　　　　　例　T：先週・京都・友達
　　　　　　　　　→S1：先週だれと京都へ行きましたか。
　　　　　　　　　　S2：友達と行きました。
　　　　QA　　学習者自身のことを聞く。
　　　　　　　例：日曜日どこへ行きましたか。だれと行きましたか。
　　　　C2　　旅行のお土産をあげる／もらう場面での社交的な会話。
　　　　発展　「これ、お土産です。どうぞ。」のあとに「えっ、何ですか。」
　　　　　　　「○○です。」を入れる。

導入例3　日本地図を書き、サントスさんの絵を日本地図の方へ移動させなが
　　　　　ら教師がサントスさんになって「わたしは日本へ来ました」。

右のような絵をかき、サントスさんが
日本にいること、日本にいるサントス
さんが話していることを示す。次にマ
リアとテレーザの絵を加えて「わたし
は家族と日本へ来ました」。

> だれと　にほんへ　きましたか。
> …かぞくと　きました。

練習　A3　「～（と）」の部分を入れ替えて、誰と日本へ来たか言う練習。
　　　QA　学習者に誰と日本へ来たか聞く。

(留意点) 日本にいる学習者が「わたしは先月日本へ行きました」と言う間違いがよく
あるので、誤用が出ないよう話し手の視点がどこにあるかを押さえる。
「行きます」と「来ます」の違いが理解できたかどうかを確認するには次の
ような質問をするとよい。
（　　　）は「行きます」「来ます」どちらですか。
＊電話での会話であることを言う。
　A：もしもし、Bさん、あしたわたしのうちへ（来ます）か。
　B：はい、（行きます）。

4. わたしは5月12日に東京へ行きます。　〈日時〉に行きます／来ます／帰ります

「(時間) に」は第4課で学習したが、移動の日時も日付に「に」をつけて表す。
日付を尋ねるのには「何月何日」のように「何～」を使うほかに、「いつ」が使われる。

導入　－月－日に行きます

予定を書き込んだカレンダーを示して、いつ、どこへ行くかを話題にする。

導入例　まず、カレンダーを使って、月日の言い方を導入する。以下の月日
　　　の言い方に留意させる。『翻訳・文法解説』p. 166参照。
　　　月：4、7、9
　　　日：1～10、14、24、20
　　　次に、予定が書きこまれたカレンダーで5月12日を示し、「東京」
　　　と読み上げ、「5月12日に東京へ行きます」

> 5がつ12にちに　とうきょうへ　いきます。

練習　文作り　カレンダーで日付を指し示して、「行き先」を与えて文を
　　　　　　作らせる。動詞は「行きます」に限定して練習する。
　　　　　　　例：（4月11日を指して）京都
　　　　　　　　→4月11日に京都へ行きます。

| 展　開 | **いつ行きますか**　例文5 |

導入例1　まず、「何月何日」を導入する。項目4の板書の日付に ? を置き「何」を示す。次に「何月何日に」を「いつ」に置き換える。

```
なんがつなんにちに　とうきょうへ　いきますか。
　　　　⇩
　　　　いつ
```

練習　　B5　「いつ〜へ行きますか」の質問に、指示された「とき」を使って答える。「に」の有無に注意する。

導入例2　「帰ります」の絵教材（V9）を示して、
　　　　T：Sさん、いつ国へ帰りますか。
　　　　S：7月15日に帰ります。
　　　　T：Sさんは7月15日に国へ帰ります。

```
いつ　くにへ　かえりますか。
…7がつ15にちに　かえります。
```

練習　　A4　帰国する日を言う練習。さらに、学習者に帰国日を言わせる。
　　　　B6　ミラーさんの来日、出張、帰国をトピックにして、「いつ／どこへ／だれと／何で行きます／来ます／帰りますか」の質問応答練習。
　　　　QA　B6を参考に、学習者自身の来日、帰国、旅行、出張などについて質問する。
　　　　B7　1日と1週間の生活についての質問に、イラストの内容に従って答える。「きょう」が火曜日であることを確認してから練習する。
　　　　QA　B7を参考に、学習者の実際のことについて、T⇒S, S⇔Sで質問応答する。
　　　　C3　初対面の人に国や来日した日を聞かれる。
　　　　発展　C3の会話に続けて、仕事（例：会社員ですか）や会社・大学の名前など（例：会社はどちらですか）を教師が聞く。あるいは学習者どうしで会話させる。

5. 誕生日は6月13日です。

| 導　入 | **誕生日は－月－日です**　例文6 |

カレンダーを準備し、日付を示しながら導入する。

導入例　T：わたしの誕生日は10月17日です。S1さんの誕生日はいつですか。

> たんじょうびは いつですか。
> …10がつ 17にちです。

順番に誕生日を聞き、黒板やカレンダーに書く。

練習　B8　登場人物の誕生日を聞く質問応答練習。
　　　　　　さらに、学習者どうしで誕生日を聞き合う。

応用　『翻訳・文法解説』p.37「祝祭日」を参考に日本の祝祭日の読み方を練習し、日本事情の学習をしてもよい。

Ⅲ．会話　この電車は甲子園へ行きますか

場面　駅で電車に乗る。
目標　電車やバスなどを利用して目的地へ行ける。
表現　・どういたしまして。　相手のために何かをしてお礼を言われたときに返すことば。

　　　・「普通」ですよ。　助詞「よ」は文末に用いられ、相手の知らない事柄に注意を向けさせたい場合に用いられる。

練習　内容確認の質問例
　　　・甲子園までいくらですか。
　　　・甲子園は何番線ですか。
　　　・「普通」は甲子園へ行きますか。
　　　身につけたい会話表現
　　　・350円ですね。ありがとうございました。
　　　・どういたしまして。
発展　学習者の実際の状況に合わせて、運賃や行き先を変えて会話する。

Ⅳ．その他

例文　・2　「どこ［へ］も」…「へ」は省略してもよい。
問題　・6　解答と語順が異なっていても間違いにはしない。

第6課

学習目標

できるようになること
- 日常生活の基本的な行動が言える。
- 人を誘ったり、誘いを受けたりすることができる。

学習すること

学習項目	文型	例文	練習A	練習B	練習C
1．〜を〜ます	1	1・2・3	1	1・2・3	1
何をしますか		4	2	4	
2．〈場所〉で〜ます	2	5	3	5・6	2
3．〜ませんか	3	6	4	7	3
4．〜ましょう	4	7	5	7	3

I．新出語彙　導入の留意点

- 会います［友達に〜］　　「友達を会います」にならないように注意する。
- ごはん　　　　　　　　「炊いた米」と「食事」の2通りの意味がある。
　　　　　　　　　　　　例：毎朝ごはんを食べます。パンを食べません。（炊いた米）
　　　　　　　　　　　　　　12時に昼ごはんを食べます。（食事）
- ［お］酒　　　　　　　　日本酒と酒類全体を指す。
- わかりました　　　　　　「了解した」の意味。

Ⅱ. 学習項目の導入と練習

1. わたしは本を読みます。　NをVます（他動詞）

第4課、第5課の動詞（自動詞）に続いて、この課で他動詞を学ぶ。他動詞の直接目的語は助詞「を」によって示される。

導入　〜を〜ます　文型1

目的語と動詞の間に「を」が入ることが聞いて認識できるように、第6課の名詞と動詞をしっかり定着させておく。日常の行動を、実際に動作をして見せながら導入する。

導入例　T：けさ8時に起きました。（急いで何も食べないで学校に来た、おなかがすいているというジェスチャー）これはパンです。わたしは食べます。パンを食べます。（パンを口に入れる。）
（のどが渇いたジェスチャーをして）これは水です。飲みます。水を飲みます。

> ［わたしは］　パンを　たべます。

練習　A1　「食べます」の目的語を入れ替えて「〜を食べます」の練習。
　　　B1　イラストを見ながら「〜を〜ます」の文を作る練習。
　　　　　さらに、目的語と動詞の絵教材を示し、組み合わせて「〜を〜ます」を練習する。

留意点　「を」を強調するあまり、無意識に「ほんを」と尻上がりに強く発音してしまうことがあるので、気をつける。

展開1　〜を〜ますか。…はい、〜ます／いいえ、〜ません　例文1

導入例　ビールやワインの写真などを見せ、
　　　　T：わたしはビールを飲みます。ワインを飲みます。わたしはお酒（お酒全体であることを示す。）を飲みます。Sさんはお酒を飲みますか。（板書しながら質問し、「はい」と「いいえ」の答えを引き出す。）

> おさけを　のみますか。
> …はい、　のみます。
> …いいえ、のみません。

目的語は繰り返さないことを言う。

練習　口慣らし　ほかの動詞を2〜3使って、上記板書の形を口慣らしし

たあと、動詞の絵教材で、「～ます／ません／ました／ませんでした」を練習する。

B2　与えられた「はい」「いいえ」に従って、「～ます／ません／ました／ませんでした」を選択して答える。3）4）は過去時制である。

|展開2|　何を～ますか　例文2

導入例　T：朝ごはんを食べましたか。
　　　　S：はい、食べました。
　　　　T：パン？　ごはん？　野菜？　何？　……何を食べましたか。
　　　　S：パンを食べました。
　　　　T：何を飲みましたか。水？　ジュース？　牛乳？　……何を飲みましたか。
　　　　S：牛乳を飲みました。わたしは毎朝牛乳を飲みます。

> まいあさ　なにを　のみますか。
> …ぎゅうにゅうを　のみます。

練習　A1　「何を～ますか」の文の型を確認し、「～」の動詞を入れ替えて練習する。
　　　B3　与えられたことばを使って質問と答えを作る練習。3）4）は過去時制である。
　　　QA　B3を参考に、時を表すことばを加えて質問と応答の練習をする。
　　　　　例　T：きのうの晩何を食べましたか。
　　　　　　　S：魚を食べました。

|展開3|　何も～ません　例文3

導入例　「レストラン（N37右）」の絵教材とメニュー（料理の写真入り）を準備する。教師が一人二役をする。
　　　　A：Bさんは何を食べますか。
　　　　B：きのう（「たくさん」というジェスチャー）お酒を飲みました。きょうは（「気分が悪い」というジェスチャー）食べません。
　　　　A：じゃ、水を飲みますか。
　　　　B：いいえ、飲みません。
　　　　A：Bさんは何も食べません。何も飲みません。
　　　|展開2|の板書の下に「何も飲みません」を書き足す。

> …なにも　のみません。

練習　QA　例文3 を参考に、「何も～ません」を使って答えられる質問と応答。
例　T：きのう何を買いましたか。
　　S：何も買いませんでした。

留意点　1)「なん」と「なに」の違いについて質問が出ることがある。「なん」になるのはあとに続く音が「た行、だ行、な行」の場合と、あとに助数詞が来る場合である。そのほかは「なに」になる。『翻訳・文法解説』p. 44, 4参照。
2) テニス、サッカーなどのスポーツ、宿題や仕事などは「～をします」となる。

展開4　何をしますか　例文4

「何をしますか」に対する答えは、必ずしも「～をします」とはならないことを「京都へ行きます」「ビデオを見ます」「友達に会います」「休みます」など、さまざまな動詞で示す。導入に入るまえに、「～へ行きます」「～に会います」など、助詞の練習もしておく。

導入例　T：あしたは土曜日ですね。何をしますか。わたしは友達と奈良へ行きます。子どもはサッカーをします。夫は、月曜日から金曜日まで毎日働きます。大変です。（疲れた様子）土曜日は何もしません。休みます。

```
どようび　なにを　しますか。
…ならへ　いきます。
…サッカーを　します。
…やすみます。
```

練習　A2　動詞を入れ替えて、何をするかを言う練習。
　　　B4　与えられた時のことばに合わせて、何をするか／したかについて質問と応答の練習。3) 4) は過去時制である。
　　　QA　B4を参考に実際の場合を学習者どうしで聞き合う。

展開5　それから　例文4

導入例　T：土曜日何をしますか。　S：サッカーをします。
　　　　T：何時までしますか。　S：2時から3時までします。
　　　　T：3時まで？　それから何をしますか。
　　　　S：友達と映画を見ます。
学習者がうまく答えられない場合は、教師が一人二役をする。上の板書「サッカーをします」のあとに「それから、友達と映画を見ます」を書き加える。

練習　QA　例文4 を参考に、時のことばを入れ替えて、実際の場合の質問応答練習。
　　　C1　日曜日にしたことについての会話。
　　　　　尋ねられたことに答えたあと、「○○さんは？」と、同じ質問を返したり、相手の発言のポイントを捉え、「～ですか」と繰り返し、「いいですね」と相手に同調する。これらは会話を発展させるスキルとして身につけさせたい。なお、「～ですか」は納得したことを表し、下降イントネーションで発話する。

2. 駅で新聞を買います。　〈場所〉でVます

助詞「で」は「～ます」の行為が行われる場所を示す。

導入　～で～ます　文型2

「どこ」でその行為をするか/したかが焦点となる状況を作る。「会話」場面を利用するとよい。

　　導入例　第3課の会話を復習して、
　　　　　T：マリアさんはどこへ行きましたか。
　　　　　S：デパートへ行きました。
　　　　　T：何をしましたか。
　　　　　S：ワインを買いました。
　　　　　T：そうですね。マリアさんはデパートでワインを買いました。

　　　　　┌─────────────────────────┐
　　　　　│　デパートで　ワインを　かいました。　│
　　　　　└─────────────────────────┘

　　練習　A3　行為をしたのが「どこ」であるかを、場所名を入れ替えて練習する。さらに、場所と動詞の絵教材を組み合わせて示し、「～で～ます」の文を作る。
　　　　　文作り　口頭で時のことば・場所・動詞を与え、「～で～ます」の文を作る。
　　　　　　　　　例：図書館・本・読みます
　　　　　　　　　　　→図書館で本を読みます。
　　　　　　　　　　　けさ・駅・先生・会います
　　　　　　　　　　　→けさ駅で先生に会いました。

展開　どこで～ますか　例文5

　　導入例　上の板書に戻り、デパートの部分に ? を当てて、「どこ」を引き出す。

> どこで　ワインを　かいましたか。
> …デパートで　かいました。

練習　口慣らし　板書の買った場所と買った物を入れ替えて口慣らしをする。
B5　「どこで〜するか／したか」の質問応答練習。3) 4) は過去時制である。さらに、絵教材で場所と物を入れ替えて、練習を増やす。
B6　ある「とき」に何をするか／したかの質問に対し、「〈場所〉で〜ます／ました。それから〜」と答える練習。3) 4) は過去時制である。答えの文が長くなるので、まず、イラストの読み取りを確認してから、完成文を求めるとよい。
QA　B6を参考に、実際の場合の質問応答を学習者どうしでする。
C2　買い物やランチなどを話題にし、情報を交換する。「いつも」「時々」を対比して使えるようにすると会話が弾む。

3. いっしょに神戸へ行きませんか。　Ｖませんか

「〜ませんか」は話し手と聞き手がいっしょに行う行為を提案したり、誘ったりするときに使われる。否定の形をとることにより、相手が断りの返答をしたいときへの配慮を示している。

導入　〜ませんか　文型3　例文6

軽く応じられるような事柄で誘う。

導入例　クッキーの箱を見せて、
　　　　T：きのう買いました。いっしょに食べませんか。どうぞ。
　　　　S：ありがとうございます。
　　　　T：あしたは土曜日ですね。わたしは神戸へ行きます。いっしょに
　　　　　　行きませんか。
　　　　S：いいですね。

> いっしょに　こうべへ　いきませんか。
> …いいですね。

「〜ませんか」を否定の疑問文と捉え、勧誘表現として理解することが難しい場合があるので、「いっしょに〜ませんか」の形で理解と定着を図るようにする。

練習　A4　することを入れ替えて「いっしょに〜ませんか」の練習。
　　　文作り　「誘い」が適切で可能な動詞の絵教材を準備し、「〜ませんか。…いいですね。」の練習をする。

(留意点) 誘いを断るときの表現について質問を受けたら、「すみません。ちょっと…」を紹介する。そのあとに理由（例：土曜日は友達に会います）を付け加えると丁寧であることも言い添える。

4. ちょっと休みましょう。 Ｖましょう

「Ｖましょう」には、相手に予定の行動を促す意味（例：始めましょう）と、「Ｖませんか」の提案や誘いに対して、積極的に応じることを伝える機能がある。

導入 〜ましょう 文型4 例文7

「教室のことば」（『本冊』p.5）として学んだ「始めましょう」「休みましょう」「終わりましょう」を思い出させて、予定の行動を呼びかける機能から入る。

導入例1　T：9時ですね。始めましょう。……あ、10時ですね。休みましょう。……12時ですね。終わりましょう。

導入例2　項目3「〜ませんか」の板書を示し、
　　　　　T：いっしょに神戸へ行きませんか。
　　　　　S：いいですね。
　　　　　T：（誘いを受けて喜んだ様子で）いいですね。行きましょう。
　　　　　と言いながら、「いいですね」のあとに「行きましょう」を書き足す。

練習　A5　動詞を入れ替えて、「〜ましょう」の練習をする。
　　　B7　イラストを見て、人を誘い、「ええ、〜ましょう」で積極的に応じる練習。
　　　C3　人を誘い、それを受けた人に会う予定の時間と場所を伝える。
　　　発展　時のことばやすること、そのために会う時間、場所を変えて会話を楽しむ。

(留意点)「〜ませんか」も「〜ましょう」も共に聞き手を誘う表現であるが、「〜ませんか」の方が相手の意向を尊重する気持ちが出る。

Ⅲ. 会話　いっしょに行きませんか

場面　お花見に誘う。誘われる。
目標　人を誘って、予定の時間、場所が伝えられる。
表現　・何ですか。　　　　　第2課の「これは何ですか」ではなく、呼びかけられたときの応答。

　　　・じゃ、また［あした］。　同僚、友達などの間で使う表現。
練習　内容確認の質問例
　　　・ミラーさんはあしたどこへ行きますか。
　　　・何をしますか。
　　　・何時に会いますか。

　　　　　・どこで会いますか。
　　　　身につけたい会話表現
　　　　・いっしょに行きませんか。
　　　　・いいですね。
　　　　・わかりました。
　　　　・じゃ、またあした。
　発展　・いっしょにすること、会う約束の時間、場所などを地域の実情に合わせて会話する。

Ⅳ．その他

　問題　・6　この読解文を参考に「わたしの毎日」を作文させるとよい。

第7課

学習目標

できるようになること
- 日本語で何と言うかわからない物の名前や表現が尋ねられる。
- 物の授受についての事実が伝えられる。

学習すること

学習項目	文型	例文	練習A	練習B	練習C
1.〈道具・手段〉で〜ます	1	1	1	1	
2.〈言語〉で〜ます		2	2		
3.〜は〈言語〉で〜です		3	3	2	1
4.わたしは〈人〉に〈物〉をあげます	2	4	4	3	
5.わたしは〈人〉に〈物〉をもらいました	3	5	5	4・5・6	2
6.もう〜ました	4	6・7	6	7	3

I．新出語彙　導入の留意点

- プレゼント　　　第2課で学習した「[お] 土産」との違いについて聞かれることがある。「[お] 土産」は旅行先などで買ったもの、プレゼントは誕生日などにあげるもの。

- 切符　　　　　　現在は電車、バスなどの乗車券のことを言う。ただし、飛行機はチケット（第9課）と言うことが多い。

Ⅱ. 学習項目の導入と練習

1. わたしはパソコンで映画を見ます。　〈道具・手段〉でVます

助詞「で」は手段、方法を表す。第5課では「〈交通手段〉で」を学習したが、ここでは「〈道具〉で」を導入する。

導　入　～で～ます　文型1　例文1

はし、はさみ、ボールペンなどの絵教材か実物を使って、動作とともに導入する。

　　導入例　はしを持ち、食べる動作をしながら、
　　　　　　T：はしでごはんを食べます。
　　　　　同様に「はさみで紙を切ります」、「ボールペンで手紙を書きます」など。あるいは、
　　　　　　T：みなさんは映画を見ますか。わたしも映画を見ます。うちで見ます。テレビで？　いいえ、パソコンで映画を見ます。

　　　　　　［わたしは］　パソコンで　えいがを　みます。

　　練習　　A1　食事の道具を入れ替えて文を作る練習。学習者に「わたしは」で文を作らせてみる。
　　　　　　B1　イラストを見て、「～で～ます」の文を作る練習。
　　　　　　QA　例文1を参考に「～で～ますか」の質問応答練習。
　　　　　　　　例：（インドの人に）スプーンでカレー（第11課）を食べますか。
　　　　　　　　　　テレビでニュース（第21課）を見ますか。
　　　　　文作り　文型1「パソコンで映画を見ます」のほかに、パソコンですること、またスマホやケータイですることなどを挙げさせる。

展　開　何で～ますか

手段を問う「何で」を導入する。学習者が「いいえ」と答えるような質問から入る。

　　導入例　はしを使わない国の人に、
　　　　　　T：はしでごはんを食べますか。
　　　　　　S：いいえ、はしで食べません。
　　　　　　T：じゃ、何でごはんを食べますか。
　　　　　　S：スプーンで食べます。

　　練習　　QA　「何でレポートを書きますか」「（学習者の国の人は）何でごはんを食べますか」などと質問し、答える練習。

留意点) 手段を聞く場合は「なんで」「なにで」の両方の言い方が可能であるが、このテキストでは、「なんで」で教えている。詳しくは第5課項目2の留意点を参照。

2. わたしは日本語でレポートを書きます。　〈言語〉でVます

言語もコミュニケーションの手段として、助詞「で」で示す。

導　入　〜語で〜ます　例文2

英語や日本語で書いたレポートや手紙、年賀状、クリスマスカードなどを見せて、導入するとよい。

導入例　英語で書いた手紙を見せて、
　　　　Ｔ：わたしは英語で手紙を書きました。
　　　日本語のレポートを見せて、
　　　　Ｔ：わたしはいつも日本語でレポートを書きます。

> にほんごで　レポートを　かきます。

練習　A2　言語の部分を入れ替えて文を作る練習。
　　　QA　例文2を参考に、書く際に日常的に使う言語についての質問応答。
　　　　　例：日本語でメールを書きますか。

留意点) 質問に対する答えは「はい」「いいえ」どちらの場合も「〜語で」を省略せずに言う。「日本語でレポートを書きますか」「はい、日本語で書きます」「いいえ、（日本語で書きません。）英語で書きます」

3. ありがとうは英語で"Thank you"です。　〜は〈言語〉で〜です

物の名前やことば、表現などをある言語でどのように言うかを導入する。

導　入　〜は〜語で〜です　例文3

挨拶表現の絵教材を使って、ある言語ではどう言うかを導入する。

導入例　「ありがとう（E5）」の絵教材を見せて
　　　　Ｔ：これは日本語で『ありがとう』です。英語で"Thank you"．
　　　　　　です。

> 「ありがとう」は　えいごで　"Thank you"です。

ほかの挨拶表現やことばなどに入れ替えて、確認するとよい。

| 練習 | A3 | 言語とその表現を入れ替えて文を作る練習。さらに、挨拶表現の絵カードなどを見せて、学習者どうしで「〜語で〜です」と教え合うとよい。 |

展開　〜は〜語で何ですか

「導入」で使った例を使用して、ある表現がその言語では何と言うか尋ねる。また、物を指して、その名前を「日本語で」何と言うか尋ねる。ホッチキス、セロテープなど日本語で何と言うかわかりにくい物を取り上げて導入するとよい。

導入例1	「導入」の板書の「えいご」をほかの言語（例えばベトナム語）に変え、"Thank you"の部分に?を置いて、 T:「ありがとう」はベトナム語で……わかりません。何ですか。「ありがとう」はベトナム語で何ですか。
練習	文作り　例文3を参考に英語の表現を日本語で何と言うか教師に質問させる。
導入例2	T:（鉛筆を取り上げて）これは鉛筆です。（辞書を取り上げて）これは辞書です。（ホッチキスを取り上げて）これは？　stapler、日本語、わかりません。（?を見せながら）これは日本語で何ですか。

> これは　にほんごで　なんですか。
> 　　　…ホッチキスです。

練習	B2	イラストを見ながら、質問応答練習。
	QA	教室内にある物を示して、「これ／それ／あれは（学習者の国の言語）で何ですか」と質問する。
	C1	物の名前を尋ね、その正しい発音を確かめる。 確認表現「〜ですか」をしっかり使えるように練習する。
	発展	実際に教室にある物を取り上げて、学習者から教師に質問させる。

(留意点) 本来は「〜語で何と言いますか」だが、ここではすぐ使える簡単な表現として「何ですか」を導入する。

4. わたしは佐藤さんにチョコレートをあげます。

　わたしは〈人〉にNをあげます

「あげます」「貸します」「教えます」「送ります」「電話をかけます」「手紙を書きます」などの行為が向けられる相手は助詞「に」で示される。

| 導　入 | **わたしは〈人〉に〜をあげます**　文型2 |

絵教材で「あげます」の意味を確認したあと、プレゼントに使えるようなものを準備し、誕生日という設定で学習者にプレゼントを渡す。

導入例　学習者の誕生日を聞き、
　　　　T：きょうは○月○日、S1さんの誕生日です。
　　　　チョコレートを取り出し、
　　　　T：S1さん、誕生日おめでとうございます。これはプレゼントです。
　　　　　　わたしはS1さんにチョコレートをあげます。

> ［わたしは］　S1さんに　チョコレートを　あげます。

S1にチョコレートを隣の人にあげるように指示し、あげるまえに「わたしはS2さんにチョコレートをあげます」、あげたあとは「わたしはS2さんにチョコレートをあげました」と言わせて理解を確認する。

練習　A4　対象となる人を入れ替えて文を作る練習。
　　　QA　「はい」「いいえ」で答える質問をする。
　　　　　　例：誕生日に奥さんにプレゼントをあげますか。

| 展開1 | **〈人〉に〜ます（書きます、かけます、送ります、貸します、教えます）** |

行為が向けられる相手を助詞「に」で示すほかの動詞を導入する。

導入例　「(電話を)かけます（V29）」の絵教材を見せ、
　　　　T：わたしはきのう電話をかけました。「もしもし、お母さん、元
　　　　　　気ですか。」わたしはきのう母に電話をかけました。
　　　　同様に「貸します（V25）」「教えます（V27）」「送ります（V22）」「書
　　　　きます（V16）」の絵教材を使って、「〜に〜を〜ます」の文を紹介
　　　　する。

練習　B3　イラストを見て「〜に〜を〜ます」の文を作る練習。
　　　QA　学習者が自分自身に関して「はい」「いいえ」で答えられる
　　　　　ような質問をする。
　　　　　例：毎日家族に電話をかけますか。

留意点　「送ります」「電話をかけます」の相手は人ではなく組織や場所もあり、その場合は助詞「に」の代わりに助詞「へ」を使うことも可能だが、ここでは学習者の負担を考え、「に」で統一している。

| 展開2 | **だれに〜ますか（書きます、かけます、送ります、貸します、教えます）** 例文4 |

まず、「あげます」の導入で使った状況、あるいは絵教材を利用して、「だれにあげましたか。」を導入する。そのあと、「あげます」以外の動詞でも練習する。

導入例　項目4の 導入 で使ったチョコレートについて質問する。
　　　　T：S1さんはS3さんにチョコレートをあげましたか。
　　　　S：いいえ。
　　　　T：S4さんにあげましたか。
　　　　S：いいえ。
　　　　T：だれにチョコレートをあげましたか。
　　　　S：S2さんにあげました。
　　　　あるいは「あげます」の絵教材の相手の部分あるいは板書の「S1さん」の部分に ? を当て、質問は「だれに」になることを示す。「貸します」「教えます」「送ります」「電話をかけます」も同様に確認する。

> だれに　チョコレートを　あげましたか。
> …S2さんに　あげました。

練習　QA　例文4 を参考に、学習者の実際の状況を尋ねる。
　　　　例：今年、年賀状（クリスマスカード）を書きますか。だれに書きますか。
　　　　　　友達の誕生日にプレゼントをあげますか。去年、友達に何をあげましたか。

(留意点)「あなた（二人称）」や「あの人（三人称）」が「わたし（一人称）」に与える場合は、「あげます」ではなく「くれます」を用いるが、「くれます」は第24課で学ぶ。

5. わたしはカリナさんにチョコレートをもらいました。

わたしは〈人〉にNをもらいました

「もらいます」「借ります」「習います」などの動詞は、動作を受ける人の側から表現するものである。受け手の立場でこれらの動詞を使って話すとき、相手は助詞「に」または「から」で示される。ただし、相手が人ではなく会社や学校などの組織の場合は、「に」ではなく「から」を用いる。

導入　わたしは〈人〉に〜をもらいました　文型3 例文5

絵教材（V24）で「もらいます」の意味の確認をしたあと、誕生日にもらったプレゼントの話をするとよい。

導入例　誕生日にもらったプレゼントについて話す。
　　　　T：わたしの誕生日は5月5日です。
　　　　　　わたしはプレゼントをもらいました。友達にチョコレートをもらいました。

> ［わたしは］　ともだちに　チョコレートを　もらいました。

「あげます」の確認と同様、学習者にチョコレートを隣の人にあげるよう指示し、もらった側の学習者に「もらいます」を使った文を作らせる。

練習　A5　人を入れ替えて「～に～をもらいました」の文を作る練習。
　　　QA　「もらいます」を使って質問応答。
　　　　　例：誕生日に友達にプレゼントをもらいましたか。何をもらいましたか。
　　　文作り　例文5 を参考にもらった物を紹介させる。
　　　　　例：これはスイスの時計です。誕生日に父にもらいました。

展開1　〈人〉に～ます（借ります　習います）

「もらいます」以外の、物や行為の出どころを「に」で表す動詞を導入する。

導入例　「借ります（V26）」の絵教材を見せ、
　　　　T：わたしは友達に辞書を借りました。
　　　「習います（V28）」も同様に、簡単な文を言うか、学習者に文を作らせてみる。

練習　B4　イラストを見て「～に～を～ました」の文を作る練習。
　　　QA1　学習者が自分自身に関して「はい」「いいえ」で答えられるような質問をする。
　　　　　例：きのう家族に電話をもらいましたか。
　　　　　　　国で日本人の先生に日本語を習いましたか。
　　　QA2　例文5 を参考に学習者どうしで持ち物について聞き、説明する。
　　　　　例：それは何ですか。
　　　　　　　…○○です。母にもらいました／友達に借りました／国で買いました。

展開2　だれに～ますか（もらいます、借ります　習います）

誕生日などプレゼントをもらう機会を取り上げて質問してみる。項目5の 導入 で使ったチョコレートについて質問してみてもよい。

導入例1　T：誕生日にプレゼントをもらいましたか。
　　　　　S：はい。もらいました。
　　　　　T：何をもらいましたか。
　　　　　S：本をもらいました。
　　　　　T：お父さんに？　お母さんに？　友達に？　だれにもらいましたか。
　　　　　S：弟にもらいました。

導入例2　「もらいます（V24）」の絵教材の相手の部分、あるいは板書の「友達」の部分に ? を置いて、「だれに」となることを示してもよい。「習います（V28）」「借ります（V26）」も絵教材を使い、同様に確認する。

> だれに　チョコレートを　もらいましたか。
> …せんせいに　もらいました。

練習　B5　項目4、5の総合練習。イラストを見ながら、質問と答えを作る練習。
　　　B6　項目4、5の総合練習。（　）内のことばを使って答える練習。
　　　QA　贈答の習慣などについて質問応答。
　　　　　例：お正月（第13課）に子ども（第9課）にプレゼントをあげますか。何をあげますか。
　　　　　　　クリスマスに何をもらいましたか。だれにもらいましたか。
　　　C2　相手の持ち物を褒める。褒められた物が誰にもらった物か説明する。「～、すてきですね」は世代にもよるが、女性的で使わないという男性もいる。「～、いいですね」に変えてもよい。

留意点　1）「電話をかけます」「手紙を書きます」「メールを送ります」に対し、それらを受ける立場からの言い方については、「電話・手紙・メールをもらいます」を使う。
　　　　2）練習C2「誕生日に父にもらいました」を完全な文の形で「誕生日に父にこの時計をもらいました」と言う学習者がいる。間違いではないが、例文5 と同様、既に話題に取り上げられている物の名前は繰り返す必要がない。

6. わたしはもうメールを送りました。　もうVました

「もう～ました」は行為や物事が完了しているという意味で、この質問に対する肯定の答えは「はい、もう～ました」で、否定の答えは「いいえ、まだです」の形になる。

導　入　もう～ました　文型4　例文6　例文7

学習者が明らかに既にし終わっていること、まだしていないこと、例えば、学習の進度や、食事は済んだかという質問など、その場で確認が容易なことで導入する。

導入例　T：今、11時40分です。わたしは山田さんに質問します。「もう昼ごはんを食べましたか」。山田さんは「はい、もう食べました」。皆さんはもう昼ごはんを食べましたか。
　　　　S：いいえ、食べませんでした。

T：いいえ、まだです。

> もう　ひるごはんを　たべましたか。
> …はい、もう　たべました。
> …いいえ、まだです。

「もう大阪城へ行きましたか」「もう○○の映画を見ましたか」などの質問をして、理解を確認する。「いいえ」の答え方に注意。

練習　A6　動詞の部分を入れ替えて、「もう〜ましたか」の質問と答えの文を作る練習。
　　　B7　答えを指定し、質問と答えを作らせる練習。
　　　QA　例文6、例文7を参考に質問する。答えに「これから／今晩／あした〜ます」など予定していることを言わせてもよい。
　　　C3　相手が既に行動したかどうか尋ね、まだの場合、いっしょにすることを提案。
　　　発展　「いつ・何時に・どこで」などを相談し、約束する。

(留意点) 否定の答えの場合「いいえ、〜ませんでした」とする間違いが多い。否定の答えは、「いいえ、まだ〜ていません」（第31課）となるが、動詞のて形が未習であるため、ここでは「まだです」の形で答える。

Ⅲ．会話　いらっしゃい

場面　日本人の家を訪問する。
目標　訪問の際の挨拶ができる。物を褒め、会話の話題にできる。
表現　・どうぞお上がりください。　靴を脱いで一段高い床に上がることから、このように言われる。最近では「お入りください」もよく使われる。

練習　内容確認の質問例
　　　・マリアさんは何を飲みますか。
　　　・山田さんはだれにスプーンをもらいましたか。
　　　・会社の人はどこでスプーンを買いましたか。
　　　身につけたい会話表現
　　　・失礼します。
　　　・コーヒーはいかがですか。
　　　・いただきます。
　　　・このスプーン、すてきですね。
発展　会話の小道具としてスプーンが出てくるが、ほかの物に置き換えたり、ほかの飲み物や食べ物を勧めたりしてもよい。

(留意点) 1)「このスプーン、すてきですね。」は、助詞「は」が省略されている。会

話文では前後関係から意味がわかる場合、助詞が省略されることが多い。
2）実際に日本人の家に行ったことがない学習者も多い。日本人の住まいの写真があれば、紹介する。会話練習の際は、靴を脱いだら、揃えることなど実際に体を動かしながら、練習するとよい。

Ⅳ．その他

問題　・7－4）「ミラーさんはお母さんに花をあげます」
「〈人〉に～をあげます」と「〈人〉に～をもらいます」は、与え手と受け手の関係について学習者が混乱しやすいので、この課では主語を「わたし」に限定して導入・練習している。「あげます」グループの動詞「貸します」「教えます」などや、「もらいます」グループの「借ります」「習います」などについても同様である。第三者間でのやりとりは、この問題7－4）や、第9課の読解問題などで自然な形で使われている。

授受表現について
　　・このテキストでは、授受表現を3つの課にわたって提出している。
　　第7課：あげます、もらいます
　　第24課：くれます
　　第41課：やります、いただきます、くださいます

第8課

学習目標

できるようになること

・身の回りの事物の様子、感想が簡単に言える。

学習すること

学習項目	文型	例文	練習A	練習B	練習C
1．～は〈な形容詞〉/〈い形容詞〉です	1・2	1	1	1	
2．～は〈な形容詞〉じゃありません/〈い形容詞(～い)〉くないです		2・3・4	1・2	2・3 4・5	1
3．～は〈な形容詞〉な〈名詞〉です/〈い形容詞〉〈名詞〉です	3・4	5・6	3	6・7・8	2・3

I．新出語彙　導入の留意点

この課で初めて形容詞を学習するので、形容詞という文法用語の意味を各国語で確認しておくとよい（『翻訳・文法解説』p. 8）。また、形容詞の語彙の意味を一通り学習したら、『翻訳・文法解説』p. 52の「ハンサム［な］」から「すてき［な］」までは［な］がついていること、「大きい」から「青い」までは「い」で終わっていることを確認し、な形容詞・い形容詞があることを言う。

・すてき［な］　　　第7課の練習C・会話に「すてきですね」という表現として出ている。

・あつい　　　　　「暑い」「熱い」の2つの意味を教える。扇ぐ、熱い物に触るなど、ジェスチャーや例文で違いを見せるとよい。

・寒い　　　　　　「寒い」と「冷たい」は訳が同じになる言語もあるので、震える、冷たい物に触るなど、ジェスチャーや例文で違いを見せるとよい。

・高い　　　　　　「このかばんは3万円です。高いです」「富士山は3,776メートルです。高いです」のように例文を示して、「値段が高い」「高さが高い」の2つの意味を教える。

Ⅱ. 学習項目の導入と練習

1. 桜はきれいです。 $\boxed{\text{Nは〈なA〉です}}$
　富士山は高いです。 $\boxed{\text{Nは〈いA〉です}}$

日本語教育では、形容詞を活用の形で「い形容詞」「な形容詞」に分けるのが一般的である。「い形容詞」は学校文法における形容詞、「な形容詞」は形容動詞に相当する。形容詞には①述語になる②名詞を修飾するという2つの用法がある。ここでは①述語になる用法を学習する。

$\boxed{\text{導　入}}$ 　～は〈な形容詞〉です　$\boxed{\text{文型1}}$　$\boxed{\text{例文1}}$
　　　　　　～は〈い形容詞〉です　$\boxed{\text{文型2}}$

絵教材を使って形容詞を定着させておく。思わずその印象・感想を言いたくなるような写真や絵を使って、な形容詞、い形容詞の述語になる用法を導入する。

導入例1　絵教材で「な形容詞」に「です」をつけた形を導入する。
　　　　　Ｔ：ハンサムです、きれいです、静かです…。
　　　　　次に、学習者が知っていそうな男性俳優などの写真と絵教材「ハンサム（A1）」を見せて、
　　　　　Ｔ：この人はハンサムです。
　　　　　桜の絵や写真を見せて、
　　　　　Ｔ：桜は……
　　　　　Ｓ：きれいです。
　　　　　Ｔ：桜はきれいです。

$\boxed{\text{さくらは　きれいです。}}$

導入例2　同様に、絵教材を使って、い形容詞に「です」をつけた形を導入する。
　　　　　富士山の絵や写真を見せながら、
　　　　　Ｔ：富士山は高いです。

$\boxed{\text{ふじさんは　たかいです。}}$

練習　　A1　「～は〈形容詞〉です。」の文の確認。
　　　　　文作り　ことばを与えて、な形容詞、い形容詞の絵教材を見せ、「～は〈形容詞〉です」の文を作る。
　　　　　　例：奈良・$\boxed{\text{絵教材「静か（A3左）」}}$→奈良は静かです。
　　　　　　　　この本・$\boxed{\text{絵教材「新しい（A11左）」}}$→この本は新しいです。
　　　　B1　イラストを見て、形容詞が述語になる文を作る。

2. **さくら大学は有名じゃありません。** Nは〈なA〉じゃありません
   沖縄は寒くないです。 Nは〈いA（～い）〉くないです

「〈な形容詞〉です」の否定は「〈な形容詞〉じゃありません」、「〈い形容詞〉です」の否定は「〈い形容詞〉くないです」となる。「いいです」の否定は「よくないです」となる。

導入　～は〈な形容詞〉じゃありません　例文2
　　　～は〈い形容詞（～い）〉くないです　例文3

名詞文、動詞文と同様、文の最後に「か」をつけて、質問文を作ることを確認し、質問の答えとして否定形を引き出す。

導入例1　T：東京大学は有名ですか。
　　　　 S：はい、有名です。
　　　　 T：さくら大学は有名ですか。
　　　　 S：いいえ、……
　　　　 T：いいえ、有名じゃありません。

> さくらだいがくは　ゆうめいですか。
> 　　…いいえ、ゆうめいじゃありません。

練習　A2　な形容詞の否定形を確認する。
　　　B2　与えられたことばを使って、な形容詞の否定形が述語になる文を作る。さらに、教師がことばを与え、それを形容する形容詞の絵教材を見せて、否定の文を作る練習をする。
　　　　　例：大阪・絵教材「静か（A3左）」
　　　　　　→大阪は静かじゃありません。

導入例2　T：大阪は今寒いです。沖縄は今寒いですか。
　　　　 S：いいえ、寒い……じゃありません。
　　　　 T：いいえ、寒くないです。沖縄は寒くないです。

> おきなわは　さむいですか。
> 　　…いいえ、さむくないです。

練習　A2　い形容詞の否定形を確認する。「いいです」の否定形は「よくないです」となることに注意させる。さらに、い形容詞の絵教材を用いて、「～くないです」の練習をする。
　　　B3　与えられたことばを使って、い形容詞の否定形が述語になる文を作る。さらに、教師がことばを与え、練習を追加する。
　　　　　例：この本・絵教材「おもしろい（A19左）」
　　　　　　→この本はおもしろくないです。

(留意点) い形容詞の否定形の練習の際、「です」をつけない形で変換させると、文にしたとき、「大きくないじゃありません」のような誤用を招きやすいので、「寒いです→寒くないです」のように、「～いです」の形を「～くないです」に変換させて練習する。

展開1　とても／あまり　[例文3]

「とても」は、形容詞で表される内容の程度が大きいことを言い、肯定文で用いられる。「あまり」は、形容詞を否定する程度が大きくないことを言い、否定文で用いられる。

導入例1　時計の写真、イラスト、実物などを用意する。
　　　　　T：この時計は3,000円です。安いです。
　　　　　T：この時計は100,000円です。高いです。
　　　　　T：この時計は300,000円です。とても高いです。

> この　とけいは　とても　たかいです。

確認のため、「とても」が出て来そうな質問をするとよい。
例：日本語は難しいですか。

導入例2　T：この時計は100,000円です。高いです。
　　　　　T：この時計は10,000円です。あまり高くないです。

> この　とけいは　あまり　たかくないです。

確認のため、「あまり」が出て来そうな質問をする。
例：きょうは暑いですか。／来週は忙しいですか。

練習　B4　質問に対する答え方を練習する。形容詞が「な形容詞」か「い形容詞」かを判断し、括弧内の「はい」「いいえ」「とても」「あまり」の指示に応じて質問に答える。
　　　QA　実際の状況について質問応答する。
　　　　　例：日本の電車は便利ですか。
　　　　　　→はい、とても便利です。

展開2　～はどうですか　[例文4]

相手の印象や感想を聞く言い方を導入する。

導入例　T：日本語はおもしろいですか。難しいですか。日本語はどうですか。
　　　　S1：日本語はおもしろいです。
　　　　S2：日本語は難しいです。
　　　　T：日本の生活はどうですか。

S1：楽しいです。
S2：おもしろいです。

> にほんの　せいかつは　どうですか。
> …たのしいです。

練習　A1　「～はどうですか。」の形の確認。
　　　QA　日本語や日本の生活など、感想や印象を聞くのにふさわしい
　　　　　ことばを与えて質問文を作り、答えさせる。
　　　　　例　T：日本語
　　　　　　　→S1：日本語はどうですか。S2：難しいです。

展開3 そして／～が、 例文4 例文5

「～はどうですか。」の質問に答える場合など、主題について2つ以上のことを言いたいとき、同じ評価をする場合は「そして」、逆の評価をする場合は「が」を使って文を接続する。

導入例1　T：日本の地下鉄はどうですか。
　　　　　S：便利です。……と……きれいです。
　　　　　T：便利です。そして、きれいです。

> にほんの　ちかてつは　どうですか。
> …べんりです。そして、きれいです。

文と文をつなぐ場合は「そして」を使い、「と」は名詞と名詞の間にしか使わないことを確認する。

導入例2　T：日本の地下鉄はどうですか。
　　　　　S：便利です。そして、高いです。
「便利」と「高い」が逆接の関係にあることを、例えば☺と☹をホワイトボードに書き、その下に形容詞の絵教材を置いて示す。
　　　　　T：便利ですが、高いです。

> …べんりですが、たかいです。

2つの文をつなぐとき、「そして」では文は2つのままであること、「が」では2つの文が1つの文になって、「が」の後ろに「、」が入ることを確認する。

練習　B5　「〜はどうですか。」の質問文を作り、括弧内に与えられたことばを「そして」か「が」で接続して答える練習。
　　　QA　例文4を参考に、学習者の実際の生活について質問応答する。
　　　　　例：日本の食べ物はどうですか。
　　　　　　　→おいしいですが、高いです。
　　　C1　久しぶりに会った人に生活の様子を尋ねる。
　　　　　・「お元気ですか。」の答えは、「はい、元気です。」となることに注意させる。
　　　　　・「そうですね。」は第5課で学習した同意の意味とは異なり、返答を考えている時間の空白を埋めるフィラーである。

(留意点)　話者の評価によって、例えば、「あの店は安いです。そして、おいしいです。」と、「あの店は安いですが、おいしいです。」のどちらも可能な場合がある。

3. 桜はきれいな花です。　〜は〈なA〉なNです
　　富士山は高い山です。　〜は〈いA（〜い）〉Nです

形容詞は名詞の前に置かれて、名詞を修飾する。な形容詞は「〜な」、い形容詞は「〜い」という形で名詞につく。

導入　〜は〈な形容詞〉な〈名詞〉です　文型3
　　　〜は〈い形容詞〉〈名詞〉です　文型4

修飾用法に使いやすい形容詞の絵教材や写真などを使って、まず形容詞の「〜な（＋名詞）」「〜い（＋名詞)」の形を導入したあと、文の形で導入する。な形容詞とい形容詞は別々に導入する。

導入例1　な形容詞の絵教材や写真などを見せながら、
　　　　　T：ハンサムな→ハンサムな人、静かな→静かな町
　　　　　慣れてきたら、教師が形容詞を言って、学習者に形容詞＋名詞の形を言わせる。
　　　　　T：静かな　　S：静かな所
　　　　　T：きれいな　S：きれいな人、きれいな花
　　　　　T：桜はきれいな……　S：桜はきれいな花です。

導入例2　次に、い形容詞の絵教材や写真などを見せながら、同様に導入する。
　　　　　T：大きい→大きいかばん　T：小さい　S：小さいかばん
　　　　　T：富士山は……　S：富士山は高い山です。

> さくらは　きれいな　はなです。
> ふじさんは　たかい　やまです。

練習　A3　形容詞が名詞を修飾する形の練習。
　　　B6　与えられた語を使って、形容詞が名詞を修飾する文を作る。

　　　　C2　買い物の際に見せてほしい品物を店員に指示する。「これですか」「いいえ、その赤いかばんです」というやりとりでは、「わたしが話しているのは」という主題が省略されている。
　　発展　C2のような買い物の場面で、実物を用意してロールプレイを行う。色の言い方については『翻訳・文法解説』p.55を参照。なお、色だけでなく、「大きい」「小さい」も使うとよい。

展開1　～はどんな〈名詞〉ですか　例文5

この質問は「～」についての情報や説明を求めるときに用いる。「どうですか。」との違いがわかるように、学習者が知っていて、教師が知らないことについて質問して導入するとよい。

　導入例　学習者の町について、教師が質問する。
　　　　T：うちはどちらですか。
　　　　S：インドネシアのバンドンです。
　　　　T：バンドン？　大きい町ですか。古い町ですか。どんな町ですか。
　　　　S：バンドンは古い町です。

> バンドンは　どんな　まちですか。
> …ふるい　まちです。

　練習　A3　「N₁はどんなN₂ですか」の形を確認して練習する。
　　　　B7　「どんな」を用いた質問を作り、答える練習。
　　　　QA　学習者の出身の町、国などについてお互いに質問し合う。
　　　　C3　行った所について話す。行ったことがない人が情報を求める。

留意点　「どうですか。」は相手の感想を聞いているのに対し、「どんな〈名詞〉ですか。」は聞き手が、自分の知らないことについて情報を求めている。

展開2　動詞文の中で使われる形容詞＋名詞　例文6

　導入例　絵教材A21（白い、黒い、赤い、青い）を用意する。
　　　　T：傘を買いました。
　　　　S：どんな傘ですか。
　　　　絵カードを指しながら、
　　　　T：赤い傘です。わたしは赤い傘を買いました。
　　　　　　きれいな傘です。きれいな傘を買いました。

> あかい　かさを　かいました。
> きれいな　かさを　かいました。

　練習　B8　動詞文の中で使われる「形容詞＋名詞」の練習。

III. 会話　そろそろ　失礼します

場面　訪問先で歓談のあと、辞去する。第7課の会話の続きの場面である。
目標　日本の生活や仕事などについて話せる。飲み物などを勧められたとき、断ることができる。訪問先を辞する際の挨拶ができる。
表現
・［～、］もう一杯いかがですか。　　第7課で「いかがですか。」を学習している。飲み物をさらに勧める言い方。

・［いいえ、］けっこうです。　　勧められたときに断る表現。

・もう～です［ね］。　　帰ることを言い出すきっかけを作る表現。

・そろそろ失礼します。　　「失礼します。」は第7課で学習している。第7課では山田さん宅に上がるときに、使っていたが、ここでは「帰る」という意味で使われている。

・またいらっしゃってください。　　敬語は第49課で学習するが、ここでは会話表現として覚える。

練習　内容確認の質問例
・サントスさんは忙しいですか。
・マリアさんはコーヒーをもう一杯飲みましたか。

身につけたい会話表現
・もう一杯いかがですか。
・いいえ、けっこうです。
・そろそろ失礼します。
・きょうはどうもありがとうございました。

発展　居間、玄関などを教室の中に設定し、日本の生活についての感想や歓談の内容、飲み物などを自由に変えさせる。第7課の会話とつなげて、家を訪ねる場合から帰るまでの会話を通して行う。

IV. その他

問題
・5－3)「いいえ、あまり静かではありません。とてもにぎやかです。」という誤答が出ることがある。「あまり静かではありません＝とてもにぎやかです」ではないので、注意する。
・読解　正しいイラストに○、間違いに×をつける。

形容詞の導入の順番について
・ここでは、まず、な形容詞・い形容詞の肯定文（非過去）を導入・練習し、次にそれぞれの否定文（非過去）を導入・練習しているが、な形容詞の肯定形と否定形を練習したあと、い形容詞の肯定形、否定形を導入し、練習するやり方もある。

第9課

学習目標

できるようになること
- 好き嫌い、上手下手、わかる、ある（所有）の表現が使える。
- 理由が簡単に説明できる。

学習すること

学習項目	文型	例文	練習A	練習B	練習C
1．〜は〜が好きです	1	1・2	1	1・2	1
2．〜は〜が上手です		3	2	3	
3．〜は〜がわかります	2	4	3	4	
4．〜は〜があります		5	4	5・6	2
5．〜から（理由）、〜	3	6・7	5	7・8	3

Ⅰ．新出語彙　導入の留意点

- チケット　　　　切符とほとんど同じ意味だが、現在では「電車・バスの切符」以外はほとんど「チケット」が使われている。（例：コンサートのチケット、映画のチケット）

- はやく　　　　　『翻訳・文法解説』では、時間的に「早く」、速度的に「速く」の両方の意味を紹介してあるが、この課では「早く」の意味を出している。

- いいですよ　　　相手の申し出や依頼を承諾する場合に使う。第6課の「いいですね」は相手の発言に共感する表現。

Ⅱ. 学習項目の導入と練習

1. わたしはイタリア料理が好きです。　 Nが好きです／嫌いです

自分の嗜好を伝える表現。「好き・嫌い」はな形容詞で、対象は助詞「が」で示す。

導入　〜が好きです　文型1

好きでよくしていることを例に挙げるとよい。

導入例　T：わたしは先週映画を見ました。きのうも見ました。来週も見ます。わたしは映画が好きです。
わたしはレストランへ行きます。いつもイタリア料理を食べます。わたしはイタリア料理が好きです。

> ［わたしは］　イタリアりょうりが　すきです。

学習者に「わたしは」で文を作らせて確認する。

練習　A1　好きな対象物を入れ替えて、文構造を確認する練習。

展開1　〜が好きじゃありません　例文1

否定形「好きじゃありません」を導入する。また、程度を表す「あまり」「とても」も併せて導入する。

導入例　学習者に「映画が好きですか」「勉強が好きですか」「お酒が好きですか」などと質問してみる。「はい」の場合、その程度が強い場合は「はい、とても好きです」を紹介し、「いいえ」が出てきたら、「（あまり）好きじゃありません」を紹介する。「いいえ、嫌いです」と答える学習者がいたら、「嫌いです」は強く響くので好ましくなく、「いいえ、好きじゃありません」を使うように言う。

> おさけが　すきですか。
> …はい、（とても）すきです。
> …いいえ、（あまり）すきじゃ　ありません。

練習　B1　質問を作り、「はい／いいえ」の指示に従って答える練習。
　　　QA　例文1 を参考に「〜が好きですか」を使って、学習者どうしで質問応答させる。

展開2　どんな〜が好きですか　例文2

好きな対象物を具体的に尋ねる「どんな〜」を導入する。

導入例1　T：日本料理が好きですか。

```
              S1：はい、好きです。
              T：（絵教材（N67）や写真を見せ）てんぷら、すし、刺身、……
                 どんな日本料理が好きですか。
              S1：すしが好きです。
      導入例2  T：スポーツが好きですか。
              S2：はい、好きです。
              T：サッカー、テニス、野球……どんなスポーツが好きですか。
              S2：サッカーが好きです。
```

> どんな　スポーツが　すきですか。
> 　…サッカーが　すきです。

　　　練習　　B2　イラストを見て、質問と答えを作る練習。
　　　　　　　QA　例文2を参考に、T⇒S、S⇔Sで好きなものについて質問応
　　　　　　　　　答する。
　　　　　　　C1　好きかどうか尋ね、相手を誘う。
　　　　　　　発展　いついっしょに行うか、時間や会う場所も決めて、会話を終
　　　　　　　　　える。

留意点）1）第8課で「どんな〜」を学習したが、第8課ではその形態や様子を問う
　　　　のに対し、ここの「どんな」は種類を聞いている。
　　　2）「どんな〜」の導入の際には、まず好きかどうかを尋ねてから「どんな〜」
　　　　を導入するとわかりやすいが、必ずしも、「〜が好きですか。」の質問が
　　　　必要なわけではない。学習者どうしで自由に練習させるときに、「飲み
　　　　物／食べ物が好きですか」「どんな飲み物／食べ物が好きですか」など
　　　　の定型に陥ってしまい、不自然なやりとりになることもあるので、対象
　　　　物によって、アプローチのしかたが違うことに注意する。
　　　3）「嫌いです」は 展開1 で述べたように日常的な会話では誤解を招くこと
　　　　もあるので、特に練習で取り上げる必要はない。しかし、本当に好きで
　　　　はない場合、強く拒絶したい場合などには使えないと困ることもあるの
　　　　で、軽く触れる。否定形を「嫌くないです」と間違えて覚える学習者が
　　　　いるので、注意する。

2. カリナさんは絵が上手です。　Nが上手です／下手です

何かを行う技術の優劣を表現する。「上手／下手」はな形容詞で、対象は助詞「が」
で示す。

導　入　〜が上手です／下手です　例文3

絵教材、スポーツや料理が上手な人の話などを使うとよい。

　　導入例　「上手／下手（A23）」の絵教材を見せて、

　　　　T：きのう、友達とカラオケをしました。これはわたしの友達です。
　　　　　　友達は歌が上手です。これはわたしです。わたしは歌が上手じゃ
　　　　　　ありません。歌が下手です。

> ○○さんは　うたが　じょうずです。
> わたしは　うたが　じょうずじゃ　ありません。

　練習　　A2　　対象物の部分を入れ替えて、文の形を確認する練習。
　　　　　B3　　イラストを見て、肯定形・否定形で文を作る練習。
　　　　　QA　　例文3を参考に、家族や第三者に関して質問応答。
　　　　　　　　例：Sさんのお母さんは料理が上手ですか。どんな料理が上
　　　　　　　　手ですか。

留意点　1)「上手です」は普通自分自身のことについては使わないので、学習者に
　　　　　直接上手かどうか尋ねる質問は避ける。
　　　　2) 外国人が日本語を話すと、ちょっとした挨拶でも「上手ですね」と大げ
　　　　　さに褒める人がいて、学習者が返答に困ることがある。そのような場合
　　　　　は、「ありがとうございます。(でも、まだまだです)」などの答え方を
　　　　　アドバイスしてもよい。

3. わたしは日本語がわかります。　　Nがわかります

理解できること、できないことを言う。第6課では動詞の目的語は助詞「を」で示す
ことを学習したが、「わかります」は助詞「が」で示す。

導入　～がわかります　文型2

日本語の文字を書いたカードやいろいろな言語の新聞、雑誌を見せるとよい。

　導入例　漢字・ひらがな・かたかな・ローマ字を書いて見せ、それぞれの文
　　　　　字を指しながら、
　　　　　T：わかりますか。
　　　　　S1：はい。
　　　　　T：S1さんはひらがながわかります。
　　　　　　　(S2に漢字を見せて) S2さん、わかりますか。
　　　　　S2：いいえ。
　　　　　T：S2さんは漢字がわかりません。
　　　　　さらに、各国語の新聞や雑誌を見せ、「わかりますか」と質問する。
　　　　　答えによって「S1さんは英語がわかります」「S2さんはタイ語がわ
　　　　　かりません」を導入する。

> [わたしは]　にほんごが　わかります。
> [わたしは]　タイごが　わかりません。

練習　　A3　　目的語を入れ替えて、文の形を確認する練習。

|展　開|よく／だいたい／少しわかります
　　　　全然わかりません　　例文4

程度を表す副詞「よく、だいたい、少し、全然」を導入する。

導入例　　T：きのうは第8課を勉強しましたね。
　　　　　S：はい。
　　　　　T：わかりましたか。
　　　　　S1：はい、よくわかりました。
　　　　　S2：全然わかりませんでした。
　　　　　S3：だいたいわかりました。

```
       よく　わかります
       だいたい　わかります
       すこし　わかります
       ぜんぜん　わかりません
```

さらに、上のような図を使って、程度副詞の使い方を説明する。

練習　　B4　　質問を作り、程度を表す副詞を使って答える練習。
　　　　QA　　例文4を参考に「○○語」などについて質問応答させる。

4. わたしは車があります。　　|Nがあります|

物を所有するという意味と時間、約束や用事など予定されたことがあるという意味を表す。「わかります」と同様、目的語は助詞「が」で示す。

|導　入|～があります　　例文5

下の絵のように、視覚的にわかりやすい絵を準備するとよい。

導入例　金持ちの人を指して、
　　　　T：大きいうちがあります。車があります。飛行機があります。お金がたくさんあります。
　　　　次に、貧乏な人を指して、
　　　　T：車がありません。お金が全然ありません。

練習　　A4　　上段2文　物を入れ替えて文を作る練習。
　　　　　　　車やうちなど大きな所有物から手元にある辞書やボールペンなどに広げる。
　　　　B5　　与えられたことばを使って、質問と答えを作る練習。
　　　　　　　さらに、学習者どうしで相手が持っているかどうかについて質問応答。
　　　　C2　　相手が持っているかどうか確かめて、必要な物を借りる。

|展　開|用事／約束／時間があります

物ではなく、時間や用事にも「あります」が使えることを導入する。

導入例　|導　入|の絵の金持ちの人を指し、

　　　　　　T：わたしは毎日忙しいです。用事がたくさんあります。約束があ
　　　　　　　　ります。時間が全然ありません。
　　　　　貧乏な人を指し、
　　　　　　T：わたしは毎日暇です。時間がたくさんあります。

　　練習　　A4　　下段2文　目的語を入れ替えて、文を作る練習。アルバイト・
　　　　　　　　　試験などに広げる。
　　　　　　B6　　手帳の予定を見ながら、文を作る練習。
　　　　　　文作り　学習者自身の時間や予定について発表させる。

留意点　「ありますか」を使った質問はこのレベルでは物、細かいお金、試験、宿題
　　　　などに限ったほうがよい。「用事／約束がありますか」という質問文は、こ
　　　　の一文だけで会話の切り出しに使うと、唐突な印象を与える場合があるので、
　　　　注意が必要である。また、「時間」の場合は「今、時間がありますか」と相
　　　　手の都合を確かめて、何かを頼むなどの切り出しに使う練習をするとよい。

5. きょうは子どもの誕生日ですから、早く帰ります。　〈文〉から（理由）、〈文〉

理由を示す表現。この課では「から」の前は丁寧体を使う。

導入　〜から（理由）、〜　　文型3　例文6

忙しい、時間がないなどの理由でできないことなど、身近な例を挙げるとよい。

　　導入例　T：わたしはいつも忙しいです。夜8時にうちへ帰ります。でも、
　　　　　　　　きょうは早く帰ります。きょうは子どもの誕生日です。きょう
　　　　　　　　は子どもの誕生日ですから、早く帰ります。

　　　　　　　きょうは　こどもの　たんじょうびですから、はやく　かえります。

「から」の前が理由であり、後文が結果や結論になることを確認する。
まず前文を文字カードで与え、後文を考えさせる。
例：宿題がたくさんありますから→宿題がたくさんありますから、
　　どこも行きません。
次に、後文を文字カードで与え、理由を考えさせる。
例：今晩勉強します→あした試験がありますから、今晩勉強します。

　　練習　　A5　　理由の部分を入れ替えて、文の形を確認する練習。
　　　　　　B7　　イラストを見て、2つの文を「から」でつなぐ練習。
　　　　　　QA　　例文6 を参考に、質問に、理由を添えて「いいえ」で答え
　　　　　　　　　させる。
　　　　　　　　　　例：デパートで食べ物を買いますか。
　　　　　　　　　　　　→いいえ、高いですから、デパートで買いません。

|展 開| どうして～か。…～から。　|例文7|

理由を問う「どうして」を導入する。答えは文末に「から」をつける。

導入例　前ページの |導 入| の板書を使い、理由の部分を |?| で隠して、「どうしてはやく帰りますか」と質問する。|?| のカードをとり、「きょうは子どもの誕生日ですから」の部分を見せる。

> どうして　はやく　かえりますか。
> …きょうは　こどもの　たんじょうびですから。

答えは「～から」の部分になること、質問文と同じ部分は繰り返さなくてもよいことを確認する。

練習　B8　「どうして」の質問を作り、答えの文を「から」で終わらせて答える練習。

　　　QA　|例文7| を参考に、日常的によくすること／しないこと、既にしたこと／しなかったことについて理由を答えさせる。
　　　　　例：毎日音楽を聞きますか。どうして聞きますか。
　　　　　　　きのうテレビを見ましたか。どうして見ませんでしたか。

　　　C3　残念な気持ちとともに理由を述べて、相手の誘いを断る。

(留意点) 1) 理由を述べる「から」を文頭に用いたり、理由と結論を反対にしてしまったりする誤用（例：何も買いませんから、お金がありません。）がよく見られるので、練習を含め、使い方をよく確認する。

2) 相手の発言に対して理由を尋ねる場合、相手の語句を繰り返さずに「どうしてですか」と質問することもできる。この表現を紹介しておくと、やりとりもスムーズに発展する。

Ⅲ. 会話　残念ですが

場面　電話でコンサートに誘われる。
目標　理由を述べて、誘いを断ることができる。
表現　・はい。　　　　　　　電話を受ける際に使われる。

　　　・木村さんですか。　　ケータイやスマホでは受けた方が名前を名乗るのではなく、かけた方が間違いなく相手にかけたかどうかを確かめることが多い。

練習　内容確認の質問例
　　　・ミラーさんはだれに電話をかけましたか。
　　　・コンサートはいつですか。
　　　・木村さんはコンサートに行きますか。
　　　・どうしてですか。

身につけたい会話表現
・いっしょにいかがですか。
・金曜日の晩はちょっと……。
・残念ですが、
・また今度お願いします。

発展　コンサートをほかのイベントにして、日時や断りの理由を変える。
　　　また、木村さんの「また今度お願いします」のあと、何と言って電話の会話を終わらせたらよいか考えさせ、電話を受けてから切るまでを演じさせる。
　　　例　ミラー：わかりました。
　　　　　木村　：どうもすみません。じゃ、失礼します。
　　　　　ミラー：失礼します。

Ⅳ．その他

問題　・7　第7課問題7と同様、ここでも「（山田さんは）先生の誕生日に（先生に）コンサートのチケットをあげました」「先生は山田さんにコンサートのチケットをもらいました」など、第三者間のやりとりが出ている。

第10課

学習目標

できるようになること
- 人（動物）や物の存在について話せる。
- 人（動物）や物の所在が言える。

学習すること

学習項目	文型	例文	練習A	練習B	練習C
1．〜に〜があります	1	1	1	1	
2．〜に〜がいます	2	2・3	2		
3．〜の〜に〜があります／います		4	3	2・3	1
4．〜は〜にあります	3	5	4	4・5	2
〜は〜にいます	4	6	5		3

I．新出語彙　導入の留意点

- いろいろ［な］　　な形容詞であるが、この課では「いろいろです」は出てこないので活用の練習はしない。
- テーブル　　　　　主に食事をしたり、お茶を飲んだりするのに使われる。「机」は勉強や仕事に使う。
- 〜屋　　　　　　　具体的な例をいくつか示す。お土産屋、本屋、花屋など。

Ⅱ. 学習項目の導入と練習

1. あそこにコンビニがあります。 〈場所〉にN（物）があります

「あります」は物や植物の存在を述べる場合に使う。存在の主体となる名詞は助詞「が」で示される。それらが存在する場所は助詞「に」で示される。

導入 〜に〜があります 文型1 例文1

「あります」と「ありません」を対比して示すとわかりやすい。

導入例1　手で握れる小さい物（消しゴムや硬貨）がどちらの手にあるかを問うジェスチャーをしながら、片手を広げて「ありません」、もう一方の手を広げて「あります」。

導入例2　ホワイトボードに「コンビニ（N58）」の絵教材を貼る。二人の人物の絵をコンビニから少し離れたところに貼り、二人が話している設定にする。絵の代わりに教師が一人二役で演じてもよい。
　　　　　A：暑いですね。冷たいジュース、冷たいジュース……（周りを見回す。）
　　　　　B：あ、あそこにコンビニがあります。

> あそこに　コンビニが　あります。

練習　A1　「あそこに〈物〉があります」の「物」を入れ替えて、代入練習。
　　　　　さらに、場所（あそこ）と物を入れ替えて練習する。場所には、具体的な名称のほかに、「ここ、そこ」などの指示詞も入れる。また、場所は絵教材で示してもよい。
　　　QA　例文1 を参考に教師がことばを与え、実際のことを「はい」「いいえ」で答える。
　　　　　例　T：この学校・食堂
　　　　　　　→S1：この学校に食堂がありますか。
　　　　　　　　S2：はい、あります。／いいえ、ありません。

展開 何がありますか

存在する物を「何が」で尋ねる。

導入例　絵教材の「部屋（N18左）」を学習者に渡し「これはSさんの部屋です」と言う。
　　　　T：（絵教材を見ないで）Sさんの部屋に冷蔵庫がありますか。
　　　　S：いいえ、ありません。
　　　　T：時計がありますか。
　　　　S：いいえ、ありません。

T：Sさんの部屋に何がありますか。
S：ベッドといすと机と電話があります。

練習　QA　教師が場所の名詞を与え、実際のことを答える質問応答をする。
例　T：教室
→S1：教室に何がありますか。
S2：机といすがあります。

2. ロビーに佐藤さんがいます。　〈場所〉にN（人）がいます

「います」は人や動物の存在を述べる場合に使う。

導入　～に～がいます　文型2　例文2

「物」が「人」になると動詞が「あります」から「います」に変わることを場所や人物の絵を使って見せるとよい。

導入例　ホワイトボードに大きい四角形をかき、その中にロビーの絵教材を貼る。四角がロビー（の範囲）であることを示す。四角の中に自動販売機の絵を置き、
T：ロビーに何がありますか。
S：自動販売機があります。
次に四角の中に佐藤さんの絵を置き、
T：ロビーに佐藤さんが……います。

ロビーに　さとうさんが　います。

練習　A2　「あそこに〈人〉がいます」の「人」を入れ替えて代入練習。さらに、導入例の四角の中にいろいろな場所の絵教材と人物の絵を置いていき、代入練習する。
B1　イラストを見て、「〈場所〉に～があります／います」の文を作る練習。
文作り　ことばを与えて、「あります」か「います」かを選んで文を作らせる。
例：部屋・友達→部屋に友達がいます。
庭・自転車→庭に自転車があります。
QA　例文2を参考に、その場所にいる人の名前を聞く。A2の練習と同じように、教師は四角の中に場所の絵教材と人物の絵を次々置いていく。
例　S1：（ホワイトボードの人物の絵を指して）ロビーに男の人がいますね。あの人はだれですか。
S2：IMCのミラーさんです。

|展開1| **だれがいますか／だれもいません**　例文3

存在する人を尋ねる「だれが」を導入し、その答えとして、「だれも」を導入する。第5課で学習している「どこも行きません」を思い出させて「だれも」を導くとよい。

- 導入例　|導　入|の板書の「さとうさん」の上に|?|カードを置く。学習者から「だれ」が出たら、それを捉えて「ロビーにだれがいますか」と言いながら、板書を書き換える。
  T：ロビーにだれがいますか。
  S：佐藤さんがいます。
  次に、ロビーから佐藤さんの絵を外し、
  T：ロビーにだれがいますか。
  S：いません。
  T：だれもいません。
  板書の下に「だれもいません」を書き加える。

- 練習　QA　ホワイトボードの場所の絵教材、人物の絵を置き換えて学習者どうしで質問応答させる。「だれもいません」と答える練習を必ず入れる。

3. スーパーのとなりに喫茶店があります。

|〈場所〉の〈位置〉にNがあります／います|

場所の名詞のあとに位置詞を入れて、存在の位置を表す。場所の名詞と位置詞は助詞「の」でつなぐ。「間」は「AとBの間」と言う。

|導　入|　**〜の〈位置〉に〜があります／います**

位置詞は実物を用意したり、身体を使ったりして、位置関係を理解させる。位置詞を含む文は長くなるので（〜の〜に〜が）、位置詞だけを「机の上」「机の下」「箱の中」の形で、先に十分練習しておくとやりやすい。

- 導入例　ホワイトボードにスーパーと喫茶店の絵を並べて貼って、
  T：スーパーのとなりに喫茶店があります。
  教卓の上の本を指して、
  T：机の上に本があります。
  座っている学習者を使って、
  T：○○さんのうしろに△△さんがいます。

> スーパーの　となりに　きっさてんが　あります。
> 　つくえの　　うえに　　ほんが　あります。
> ○○さんの　うしろに　　△△さんが　います。

「上の机」のように語順が逆にならないよう、注意させる。
「上」「下」はそれぞれ場所と接触した「上」「下」と「上の方」「下の方」の意味があること確認する。
物の左右を言うときは話し手から見て「右、左」を言うことを確認する。

練習　A3　位置詞を入れ替えて代入練習。「うしろ、左、近く」も使って練習する。さらに、場所の名詞、位置詞、物、人の名詞を与えて代入練習する。
例：スーパー・なか・トイレ
→スーパーの中にトイレがあります。
B2　イラストを見て、位置詞を使って「～に～があります／います」の文を作る練習。
B3　与えられたことばを使って、質問文を作り、イラストを見て答える練習。「あります／ありません」「います／いません」を使い分ける点に注意する。
次の練習を付け加えて「何もありません」の答え方を確認しておく。　いすの上・何／ベッドの上・何

展開　～や～［など］　例文4

助詞「や」は、複数の物の中から代表的なものを例として挙げるときに使うということがわかるように、同じ種類（例：文房具など）の物を複数用意して、導入する。この課では「など」を省略した形を扱う。

導入例　机の上に本、ノート、手帳、鉛筆、ボールペン、カードを並べて、
T：机の上に本とノートと手帳と鉛筆とボールペンとカードがあります。長いです。机の上に本やノートがあります。

> つくえの　うえに　ほんや　ノートが　あります。

練習　QA　例文4を参考に学習者の実際の状況に合わせて、学習者どうしで質問応答する。
例　S1：〇〇さんのかばんの中に何がありますか。
S2：本やケータイがあります。
C1　道で通行人に行きたいところの場所を尋ねる。
歩いている人に声をかける、実際に指さすなど、動作をつけて練習する。

4. **東京ディズニーランドは千葉県にあります。** N（物）は〈場所〉にあります
   家族はニューヨークにいます。 N（人）は〈場所〉にいます

   この文は、主題として提示したものの所在を述べるのに使われる。

   導入　～は〈場所〉にあります／います　文型3 文型4

   　　　学習者が興味を持つような物や人の所在について取り上げると「主題」ということがわかりやすい。

   　導入例1　東京ディズニーランドの写真を見せて、
   　　　　　T：みなさん、これは東京ディズニーランドです。東京にありますか。東京にありません。東京ディズニーランドは千葉県にあります。

   > とうきょうディズニーランドは　ちばけんに　あります。

   　練習　A4　「場所」を入れ替えて、ミラーさんのうちがどこにあるかを言う練習。文が長く、助詞も多いので（ミラーさんのうちはこうえんのまえにあります）、なめらかに言えるまで練習する。
   　　　　文作り　学習者に自分の知っている有名な建物や場所を主題にした文を作らせる。

   　導入例2　T：Sさん、だれと日本へ来ましたか。
   　　　　　S：一人で来ました。
   　　　　　T：家族は？
   　　　　　S：家族はニューヨークです。
   　　　　　T：Sさんの家族はニューヨークにいます。

   > かぞくは　ニューヨークに　います。

   　練習　A5　「場所」を入れ替えて、ミラーさんがどこにいるか言う練習。
   　　　　文作り　学習者に自分の家族がどこにいるか言わせる。

   展開　どこにありますか／いますか　例文5 例文6

   　導入例　項目4の 導入 で使った板書の場所名詞に ? カードを置き、「どこ」を引き出す。

   　練習　B4　与えられたことばを見て、「あります」「います」を判断し、その所在について質問文を作り、イラストを見て答える練習。
   　　　　B5　動物園で動物や物の所在を聞いている。手前の2人（右の人が来園者、左の係の人）が話していることを確認する。
   　　　　QA　教師が物／人の名詞を与え、その所在について学習者の実際

の状況に即して質問応答する。
例　T：自動販売機
　　S1：自動販売機はどこにありますか。
　　S2：食堂の前にあります。

C2　店や銀行などで、係の人に物のある場所を聞く。「電池ですか」は相手の言ったことを繰り返して、確認している。

発展　C2の例の会話をさらに続けて、既習のことばや文型を使い、電池を買うところまでやってみる。

C3　パーティーの会場で、探している人がいるか尋ねる。その人がいる場所を教える。

(留意点)「Nはどこにありますか／いますか」「Nは〈場所〉にあります／います」は第3課で学習した「Nはどこですか」「Nは〈場所〉です」と同じ意味である。

Ⅲ．会話　ナンプラー、ありますか

場面　道を尋ねて、買い物に行く。
目標　行きたい所の場所が尋ねられる。店で欲しい物のある場所が尋ねられる。
表現　・どうもすみません　ここでは「ありがとう」の意味。
練習　内容確認の質問例
　　・アジアストアはどこにありますか。
　　・ナンプラーはどこにありますか。
　　身につけたい会話表現
　　・あそこに白いビルがありますね。
　　・どうもすみません。
　　・あのう、ナンプラーありますか。
発展　ここまで学習した会話をつなげて練習する。
　　例：アジアストアの営業時間を聞く（第4課）→電車に乗って出かける（第5課）→道でアジアストアの場所を聞き、アジアストアでナンプラーを買う（第10課）

(留意点)「アジアストアですか。」は相手の質問のポイントを確認してから答える言い方である。

Ⅳ．その他

問題　・7　自分のうちの周りの地図をかいて、読解文を参考に近所を紹介する作文を書くとよい。

第11課

学習目標

できるようになること
- 数量、人数、時間、期間などを言い表すことができる。

学習すること

学習項目	文型	例文	練習A	練習B	練習C
1．助数詞（ひとつ～とお）	1	1	1	1	1
2．助数詞（－枚／－台）		2	2	2・3	
3．助数詞（－人）		3・4	3	4	2
4．〈期間〉に〈－回〉		5	4	5	
5．〈期間〉～ます	2	6	5	6・7	
6．～から～まで〈時間・期間〉かかります		7	6		3

I．新出語彙　導入の留意点

- 外国　　　　　第1課で学んだ「～人（じん）」から、「外国人」も作ることができる。

- 両親／兄弟　　（わたしの）両親／兄弟、（先生の）ご両親／ご兄弟

- クラス　　　　「日本語のクラス（授業）は9時からです」と「わたしのクラス（所属するグループ）はにぎやかです」の2通りある。

- －回　　　　　1、6、8、10と用いる場合、発音はそれぞれ「いっかい」「ろっかい」「はっかい」「じゅっかい」となる。『翻訳・文法解説』p. 169を参照。

- －週間　　　　1、8、10と用いる場合、発音はそれぞれ「いっしゅうかん」「はっしゅうかん」「じゅっしゅうかん」となる。『翻訳・文法解説』p. 167を参照。

- －か月　　　　1、6、8、10と用いる場合、発音はそれぞれ「いっかげつ」「ろっかげつ」「はっかげつ／はちかげつ」「じゅっかげつ」となる。『翻訳・文法解説』p. 167を参照。

Ⅱ．学習項目の導入と練習

1. 会議室にテーブルが7つあります。　助数詞（ひとつ〜とお）

1〜10の物の数を数えるときに使う「ひとつ〜とお」の言い方を学ぶ。『翻訳・文法解説』p. 168を参照。11以上の数は、そのまま数字を使う。

導入　ひとつ〜とお　文型1

りんご、卵、時計、かばんなどが数個かかれている絵や、消しゴム、みかんなどの実物を数個用意し、実際に数えることによって導入する。

導入例　みかんを袋から出して、数える。
　　　　T：ひとつ、ふたつ、みっつ、……とお。とおあります。（学習者に1つあげる。）みかんがここのつあります。

> みかんが　ここのつ　あります。

練習　口慣らし　「ひとつ〜とお」がすらすらと言えるよう練習をする。
　　　A1　数を入れ替えてみかんがいくつあるか言う。
　　　　　さらに、準備した絵や実物を使って物がいくつあるか言う。
　　　　　10以上も練習に入れる。
　　　文作り　文型1 を参考に、教師が場所と物と数字を与えて、
　　　　　「〜に〜が〈ひとつ〜とお〉あります」の文を作らせる。
　　　　　例：教室・机・7（数字は指で示す）
　　　　　　→教室に机がななつあります。
　　　　　会社・会議室・3→会社に会議室がみっつあります。
　　　　　この町・コンビニ・5→この町にコンビニがいつつあります。

展開1　いくつ　例文1

導入例　みかんをもう一度数える。
　　　　T：ひとつ……ここのつ、ここのつあります。Sさん、ふたつあげます。（黒板に9−2＝？と書き）今いくつありますか。
　　　　S：ななつあります。

> みかんが　いくつ　ありますか。
> 　　　…ななつ　あります。

練習　A1　物を入れ替えて「〜がいくつありますか」の練習。
　　　B1　イラストを見て数を尋ねて答える練習。

| 展開2 | ~を〈ひとつ~とお〉~ます　例文1

「あります」以外の動詞とともに〈ひとつ…〉を使う言い方を導入する。

導入例　りんごが5つある絵を見せて、
　　　　T：きのうスーパーへ行きました。りんごを買いました。いつつ買いました。りんごをいつつ買いました。

> りんごを　いつつ　かいました。

練習　文作り　教師が物と数字、動詞（食べます、買います、あげます、もらいます、）を与えて、文を作らせる。
　　　　　　例：みかん・2（数字は指で示す）・食べます
　　　　　　　　→みかんをふたつ食べます。
QA　問題7-2)を参考に、学習者どうしで問題を作ったり答えたりする。
　　　例：誕生日にチョコレートをななつもらいました。今みっつあります。いくつ食べましたか。→よっつ食べました。
C1　喫茶店で注文する。
　　　食べ物や飲み物の注文ではひとつ、ふたつを使う。
発展　店員と客の役割をふり、エプロンやお盆、メモを準備して演じると楽しめる。

2. 切手を1枚買いました。　助数詞（-枚／-台）

薄いもの（紙、シャツなど）を数えるときは「-枚」、機械や乗り物を数えるときは「-台」を使う。数＋助数詞はその助数詞の種類を決めている名詞＋助詞の直後に置く。『翻訳・文法解説』p.168を参照。

| 導　入 | ~枚、~台　例文2

パソコンや車が数台かかれている絵や、プリントや切手などの実物を数枚用意し、実際に数えることによって導入する。

導入例1　切手を見せて、
　　　　　T：これは日本の切手です。1枚、2枚、……10枚あります。

> きってが　10まい　あります。

導入例2　T：わたしのうちにパソコンがあります。夫の部屋とわたしの部屋と子どもの部屋にあります。3台あります。

パソコンが 3だい あります。

練習　口慣らし 「枚」「台」で数える名詞の例を紹介しながら、練習する。

展開 何枚、何台

導入例　板書の数字のところに ? カードを置いて「なん」を引き出し、数字を「なん」に書き換え、文末に「か」を書き足す。

練習　B2　イラストを見て物が何枚、何台あるかを問い、答える練習。
　　　A2　80円の切手を何枚買ったか、枚数を変えて言う練習。
　　　B3　イラストを見て、「〜を何枚／何台／いくつ〜ましたか」と質問し、答える練習。

（部分的に見える右側テキスト：）

りは例外）。4人は「よん／

識させる。

つあります。教室に留学生
ます。

えて言う。
を作らせる。
学生が10人います。

き、どんな疑問詞が適切か
を書き換える。

るか質問し、イラストを見

いますか。

う。「兄弟が一人います」は
所有しているという意味で、自分を含めない。家族呼称をしっかり覚えておく。

導入例　「家族」の絵教材（N30）を見せて、わたし、兄、姉……と言いながら数え、「兄弟は－人です」「家族は－人です」と言う。

> かぞくは　なんにんですか。
> …4にんです。つまと　こどもが　ふたり　います。

「－人です」と「－人います」の違いを確認する。
学習者一人ひとりに家族は何人か尋ねて答えを確認する。

練習　　口慣らし　　例文4 の意味を確認後、兄弟のことばを入れ替えて、口慣らしをする。
　　　　C2　家族構成について尋ねたり答えたりする。
　　　　QA　それぞれの家族／兄弟について質問し合う。

留意点　助数詞に関しては、この課で紹介したもののほかにもいろいろな数え方があることを紹介してもよい。『翻訳・文法解説』p. 168〜169を参照。

4. 1週間に1回映画を見ます。　〈期間〉に〈－回〉

何かを行う回数は「－回」で表す。回数を問う場合は「何回」を用いる。一定期間における頻度を助詞「に」によって示す。期間を表す単位はいろいろあるが、ここでは「－時間、－日、－週間、－か月、－年」を扱う。

導入　〜に－回　例文5

まず、期間を表す単位の言い方を定着させる。
習慣的にしていることを取り上げるとよい。

導入例1　カレンダーの日曜日から土曜日を括るジェスチャーをして、「1週間」と言う。同様に、1日から30／31日までを括って、「1か月」、1月から12月までを括って、「1年」と言う。
『翻訳・文法解説』p. 167の期間の言い方を示す。「－週間」と「－か月」はそれぞれ、「1、8、10」、「1、6、8、10」の場合の発音に注意する。

導入例2　T：わたしは映画が好きです。日曜日に見ます。1週間に1回見ます。

> 1しゅうかんに　1かい　えいがを　みます。

練習　　A4　一定の期間に映画を見る頻度を言う練習。
　　　　文作り　ことばを与えて文を作らせる。
　　　　　　　　例：1か月・2回・図書館・行きます
　　　　　　　　　→1か月に2回図書館へ行きます。

| 展開1 | 何回　例文5 |

導入例　導入 の板書の「1かい」の「1」の部分に ? カードを置き、「なん」を引き出す。「1」を「なん」に書き換え、文末に「か」を書き加える。

練習　A4　何かをする頻度を尋ねる練習。期間だけでなく動詞も入れ替えて、「〈期間〉に何回〜ますか」の文を作る練習を行う。
　　　B5　与えられたことばと数字を使って「〈期間〉に何回〜ますか」の質問応答練習。
　　　QA　実際の状況に合わせて、T⇒S、S⇔Sで質問応答する。
　　　　　例：1か月に何回レストランで食べますか。

| 展開2 | 〜ぐらい　例文5 |

導入例　T：わたしはデパートへ行きます。デパートが好きです。（手帳を見ながら）1月に3回、2月に2回、3月に4回、4月に3回行きました。1か月に3回ぐらいデパートへ行きます。

練習　QA　実際の状況に合わせて質問し、答える。
　　　　　例：1週間に何回（ぐらい）コンビニへ行きますか。

5. わたしは日本に1年います。　〈期間〉Vます

この文はあることをするのに費やす時間、期間を言い表す。期間の長さを問う言い方は「何時間、何日、何週間…」のほか、一括した表現「どのくらい」が用いられる。

| 導　入 | 〈ーじかん、ーにち、ーしゅうかん、ーかげつ、ーねん〉〜ます　文型2 |

睡眠時間、学習時間／期間、滞在期間などを話題にする。

導入例1　T：毎晩何時に寝ますか。　　S：11時に寝ます。
　　　　　T：何時に起きますか。　　　S：6時に起きます。
　　　　　T：（12時、1時…6時と指折り数えて）Sさんは毎日7時間寝ます。

導入例2　T：いつ日本へ来ましたか。　S：5月1日に来ました。
　　　　　T：いつ国へ帰りますか。　　S：来年5月に帰ります。
　　　　　T：そうですか。Sさんは1年日本にいます。
　　　　　同様に「－日」「－週間」「－か月」について文を言いながら板書する。

```
Sさんは　7じかん　　　　ねます。
　　　　13にち　　　　　りょこうします。
　　　　　2しゅうかん　　やすみます。
　　　　10かげつ　　　　べんきょうします。
　　　　　1ねん　　　　　います。
```

練習　A5　国で日本語を勉強した期間を言う練習。
　　　文作り　絵教材で動詞を示し、期間の数字を与える。
　　　　　例：大学・4年・絵教材「勉強します（V5）」
　　　　　　→大学で4年勉強します。

展開1　何時間、何日、何週間、何か月、何年／どのくらい　例文6

導入例1　板書の数字の所に?カードを置き、「なん」に書き換え、「か」を書き足す。

導入例2　導入例1の板書の「何時間、何日、何週間、何か月、何年」をぐるりと丸で囲み、「＝どのくらい」と書く。

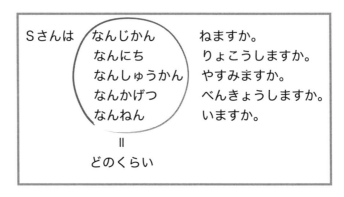

練習　文作り　ことばと動詞の絵教材を与えて、質問文を作る。
　　　　　例　T：きのう・?・絵教材「寝ます（V2）」
　　　　　　　→S：きのう何時間寝ましたか。
　　　　　　　T：日本・?・絵教材「います（V35）」
　　　　　　　→S：日本にどのくらいいますか。

展開2　〜だけ　例文6

導入例　T：わたしは月曜日から土曜日まで働きます。休みは日曜日です。
　　　　　　休みは日曜日だけです。

　　　　　　　やすみは　にちようびだけです。

「だけにちようび」にならないよう、語順に注意させる。

練習　文作り　ことばを与えて文を作らせる。
　　　　　例：10分・休みます→10分だけ休みます。
　　　B6　与えられた文と時間や期間のことばを聞き、「何分、何時間、何日、何週間、何年」などの疑問詞を用いて、質問文を作る。また、それに答える。
　　　B7　「どのくらい」を使った質問応答練習。
　　　QA　実際の状況に合わせて質問し、答える。

やりとりのあとに、例文6 を参考に、「－だけですか。すごいですね／上手ですね／短いですね」などの反応を付け加える。

6. 国から日本まで飛行機で4時間かかります。

〜から〜まで〈時間・期間〉かかります

動詞「かかります」は時間と費用について使われる。ここでは時間についてのみ練習する。

導入　〜から〜まで〈時間・期間〉かかります　例文7

ある場所までの所要時間を話題にする。

導入例　ホワイトボードの左側に「しんおおさか」、右側に「とうきょう」と書き、その間を線で結ぶ。新大阪の下に9：00、東京の下に11：30と書く。
「かかります（V36）」の絵教材を見せて、絵の中の時計を指して、
T：東京へ行きます。新大阪から東京まで新幹線で2時間半かかります。

> しんおおさかから　とうきょうまで　2じかんはん　かかります。

練習　A6　自分の国から日本までの所要時間を言う練習。
　　　文作り　ことばを与えて、ある場所からある場所への（乗り物での）所要時間を言う。
　　　　　例：うち・会社・電車・1時間半
　　　　　　→うちから会社まで電車で1時間半かかります。
　　　QA　いろいろな場所までの所要時間を学習者どうしで質問応答。
　　　　　例：うちから学校まで何で来ますか。どのくらいかかりますか。
　　　C3　夏休みの帰省についての会話。
　　　　　お盆休みの帰省事情について紹介しておくとよい。

Ⅲ．会話　これ、お願いします

場面　郵便局から荷物を送る。

目標　手紙や荷物を郵便局から送ることができる

表現　・いい天気ですね。　　このやりとり全体を挨拶と捉え、行き先などについ
　　　　お出かけですか。　　て細かく答える必要はないことを伝える。「ええ、
　　　　…ええ、ちょっと　　ちょっと…」だけでもよい。「いい天気ですね」の
　　　　郵便局まで。　　　　代わりに「寒い／暑い／涼しい／暖かいですね」を
　　　　　　　　　　　　　　使ってもよい。

練習　内容確認の質問例
　　　・ワンさんはどこへ行きますか。
　　　・ワンさんはどうして船便で荷物を送りますか。
　　　・船便でどのくらいかかりますか。

　　　身につけたい会話表現
　　　・いい天気ですね。
　　　・ええ、ちょっと郵便局まで。
　　　・行ってきます。
　　　・行ってらっしゃい。
　　　・これ、お願いします。

発展　・自分の家族や友人に荷物を送るという状況で会話をする。

Ⅳ．その他

例文　・2「全部で」　買い物のやりとりで練習するとよい。
　　　　例　S1：80円のりんごを3つと100円のパンを2つください。
　　　　　　S2：はい。全部で440円です。
　　　・3「みんな」　教師がことばを与え、学習者は「みんな」を使って
　　　　文を作る。
　　　　例　T：この学校の学生
　　　　　　→S：この学校の学生はみんなベトナム人です。
　　　「外国人の先生」は、「外国人である先生」という意味である。

問題　・3-3)「日本人の先生」は、「日本人である先生」という意味である。

第12課

学習目標

できるようになること
- 過去の出来事や経験について簡単な感想や印象が言える。
- 身近なことについて簡単な比較ができる。

学習すること

学習項目	文型	例文	練習A	練習B	練習C
1.〈な形容詞〉／〈名詞〉でした 〈い形容詞(〜い)〉かったです	1・2		1	1・2	
2.〈な形容詞〉／〈名詞〉じゃありませんでした 〈い形容詞(〜い)〉くなかったです		1・2・3	2	3・4	1
3.〜は〜より〈形容詞〉です	3	4	3	5	
4.〜と〜とどちらが〈形容詞〉ですか …〜のほうが〈形容詞〉です		5・6	4	6	2
5.〜で〜がいちばん〈形容詞〉です	4	7	5	7	3

Ⅰ．新出語彙　導入の留意点

・多い／少ない　　「多い人です」「少ない車です」のような誤用が出やすい。「人が多いです」「車が少ないです」のような言い方をするように指導する。

・ずっと　　この課では2つの物事を比較したときに、その違いが大きい場合に使う。「ずっと続けています」のような切れ目なく継続しているという意味は第31課で学ぶ。

Ⅱ. 学習項目の導入と練習

1. きのうは雨でした。 〈なA〉／Nでした
　きのうは寒かったです。 〈いA（い）〉かったです

名詞文、な形容詞文の過去時制は「～でした」、い形容詞文は「～かったです」になる。「いいです」は「よかったです」になることに注意する。

導入 〈な形容詞〉／〈名詞〉でした　文型1
　　　〈い形容詞（い）〉かったです　文型2

導入するまえに第8課、第9課で学習した形容詞も合わせて復習しておくとよい。
天気や暑さ・寒さを話題にするとわかりやすい。

導入例1　名詞
　　T：きょうの天気はどうですか。
　　S：いい天気です。
　　T：きのうの天気は？
　　S：雨です。
　　T：雨でした。

導入例2　な形容詞
　　T：きょうは仕事があります。きょうは忙しいです。
　　　　きのうは仕事がありませんでした。きのうは暇でした。

導入例3　い形容詞
　　T：きょうは寒いですね。
　　S：はい、とても寒いです。
　　T：きのうは？
　　S：きのうも寒い……でした。
　　T：きのうも寒かったです。

```
きのうは　あめでした。
　　　　　ひまでした。
　　　　　さむかったです。
```

練習　A1　形の確認練習。名詞・な形容詞、い形容詞の絵教材を使い「～でした」「～かったです」を作る練習を加える。「よかったです」を必ず入れる。

　　　　B1　与えられたことばを使って名詞、な形容詞の過去時制「～でした」の文を作る練習。

　　　　B2　い形容詞の過去時制「～かったです」の文を作る練習。

2. きのうは休みじゃありませんでした。 〈なA〉／Nじゃありませんでした
きのうは寒くなかったです。 〈いA（い）〉くなかったです

名詞文、な形容詞文の過去否定は「〜じゃありませんでした」、い形容詞文は「〜くなかったです」となる。「いいです」は「よくなかったです」になる。

導入 〈な形容詞〉／〈名詞〉じゃありませんでした 例文1
〈い形容詞（い）〉くなかったです 例文2

項目1の 導入 で使った板書を利用して、否定形を書き加えるとよい。

導入例　T：きのうは雨でした。おとといも雨でしたか。いいえ、雨じゃありませんでした。

「暇じゃありませんでした」「寒くなかったです」も同様に導入し、板書の右側に書き加える。

```
おとといは　あめじゃ　ありませんでした。
　　　　　　ひまじゃ　ありませんでした。
　　　　　　さむくなかったです。
```

練習　A2　「〜でした／じゃありませんでした」「〜かったです／くなかったです」の形の確認練習。さらに、絵教材を使って形の確認をする。

B3　与えられたことばを使って質問を作り、指示に従って答える練習。

QA　例文2 を参考にことばを与え、質問を作らせ、答えさせる。

例　T：パーティー・楽しい
→S1：パーティーは楽しかったですか。
　S2：はい、楽しかったです。
T：料理・おいしい
→S1：料理はおいしかったですか。
　S2：いいえ、あまりおいしくなかったです

展開 どうでしたか 例文3

身近な出来事や勉強のことなどを話題にするとよい。

導入例　T：日曜日何をしましたか。
S：パーティーをしました。
T：パーティーはにぎやかでしたか。おもしろかったですか。どうでしたか。
S：パーティーはとてもにぎやかでした。楽しかったです。

```
パーティーは　どうでしたか。
…にぎやかでした。
…たのしかったです。
```

練習　B4　「どうでしたか」を使った質問応答練習。
　　　QA　過去の活動や出来事を話題にその印象や感想について質問し、答えさせる。
　　　　　例　T：きのう、テレビを見ましたか。
　　　　　　　S：はい、見ました。
　　　　　　　T：何を見ましたか。
　　　　　　　S：日本とブラジルのサッカーを見ました。
　　　　　　　T：どうでしたか。
　　　　　　　S：とてもおもしろかったです。
　　　C1　初めての経験について感想を尋ね、答える。
　　　発展　各自の初めての経験について、どんなことをしたか、どうだったかなど、会話をさせる。
　　　　　例　S1：きのう初めて日本人のうちへ行きました。
　　　　　　　S2：日本人のうちで何をしましたか。
　　　　　　　S1：子どもと話しました。そして、すき焼きを食べました。
　　　　　　　S2：どうでしたか。
　　　　　　　S1：とてもおもしろかったです。すき焼きはおいしかったです。

(留意点)　な形容詞が「〜でした」になることから、い形容詞についても「〜いでした」とする間違いが多く見られるので、い形容詞の活用を十分練習し、定着させる。

3. 北海道は九州より大きいです。　　N₁はN₂よりAです

「N₁はN₂より〜です」は2つの物事を比較する表現。N₂を基準にしてN₁の性質や状態を述べる。

　導入　〜は〜より〈形容詞〉です　　文型3

　　面積や山の高さなど、比較して、はっきりと差がわかるものを例にするとよい。
　　導入例　日本の地図や都市、山の写真などを見せて、
　　　　　　T：北海道は九州より大きいです。エベレストは富士山より高いです。

```
ほっかいどうは　きゅうしゅうより　おおきいです。
```

練習　A3　比較するものを入れ替えて、文の形を確認する練習。

B5　イラストを見て、比較文を作る練習。
　　文作り　比べるものを与えて、比較文を作らせる。
　　　　　例：パソコン・スマホ→スマホはパソコンより便利です。

|展　開|　ずっと　例文4

差の程度が著しいことを意味する「ずっと」を導入する。
違いのよくわかるデータや資料を準備するとよい。

導入例　世界地図を広げて、
　　　　T：地図を見ましょう。中国はここです。大きいですね。日本はここです。中国は日本よりずっと大きいです。（さらに、人口のデータを示して）東京に人が1350万人います。大阪は880万人です。東京は大阪よりずっと人が多いです。

練習　文作り　ことばを与えて、文を作らせる。
　　　　　例：わたしの国・日本→わたしの国は日本よりずっと暑いです。
　　　QA　例文4 を参考に、違いが明らかだと思われるものについて質問応答する。

留意点　「N₁はN₂より〈形容詞〉ですか」の答えが「いいえ」となる場合、「いいえ、N₁はN₂ほど〈形容詞の否定形〉」となるが、この文型は未習（『中級Ⅰ』第9課で学習）なので、この段階では「いいえ、N₁はN₂より〈形容詞の否定形〉」で答えさせる。

4. 空港までバスと電車とどちらが速いですか。…電車のほうが速いです。

N₁とN₂とどちらがAですか。…N₁のほうがAです

「N₁とN₂とどちらが〜ですか」はN₁とN₂から1つを選択させる文で、疑問詞はN₁、N₂が何であっても「どちら」を用いる。両方選択して答えるときは「どちらも」を使う。

導　入　〜と〜とどちらが（形容詞）ですか。…〜のほうが（形容詞）です
　　　　　　　　　　　　　　　　　　　　　　　　　　例文5　例文6

好きなもの、興味を持っていることなどを話題にするとよい。

導入例1　T：わたしの友達はスポーツがとても好きです。野球をします。サッカーもします。わたしは友達に聞きました。「サッカーが好きですか。野球が好きですか。サッカーと野球とどちらが好きですか。」友達は答えました。「サッカーのほうが好きです。」

導入例2　T：わたしの弟はスポーツが好きです。弟に質問しました。「サッカーと野球とどちらがおもしろいですか。」弟は答えました。「サッカー、おもしろいです。野球、おもしろいです。どちらもおもしろいです。」答えは板書に書き加える。

> サッカーと やきゅうと どちらが すきですか。
> …サッカーの ほうが すきです。
> …どちらも すきです。

練習　A4　ものを入れ替えて、文の形を確認する練習。
　　　B6　与えられたことばを使って「どちらが～」の質問を作り、答える練習。
　　　QA　例文5、例文6などを参考に質問をし答えさせる。
　　　　　例：ごはんとパンとどちらが好きですか。
　　　C2　来客に飲み物や食べ物を勧める。
　　　　　「熱いの」「冷たいの」の「の」は具体的な名詞の代わりに使われ、ここでは「飲み物」を指す。『翻訳・文法解説』p. 81, 6参照。
　　　発展　C2を第7課の訪問の会話と組み合わせて、練習をするとよい。

(留意点) 1)「どちらが」について、どうして「が」になるのかという質問が出たら、第10課の「何がありますか」「だれがいますか」を思い出させ、疑問詞が主語に立つ場合は「が」になることを理解させる。『翻訳・文法解説』p. 81, 5参照。
2)「～のほうが」の「ほう」は何かという質問が出る場合がある。「ほう」はもともと「方向」の意味で、N_1とN_2の一方という意味になる。説明、翻訳とも難しいが、N_1とN_2の語彙を板書し、間に境界線を引き、「N_1のほう」というときには線を境にN_1の側を指すというように視覚的に説明するとわかりやすい。

5. わたしは1年で夏がいちばん好きです。　N_1でN_2がいちばんAです

「N_1でN_2がいちばん～です」は比較する対照となるすべてのものの中でいちばんのものを言い表すときに用いる。

導入　～で～がいちばん〈形容詞〉です　文型4

目で見て明らかに一番だとわかるものを話題にするとよい。

導入例1　日本の気温の推移を表すグラフ（例：『翻訳・文法解説』p. 55）を見せて、
　　　　　T：1年で8月がいちばん暑いです。2月がいちばん寒いです。

導入例2　T：日本は1年に4つの季節があります。春、夏、秋、冬です。わたしは春が好きです。春は暖かいです。きれいな花があります。秋も好きです。秋は涼しいです。冬も少し好きです。でも、夏がとても好きです。海へ行きます。山へ行きます。とても楽しいです。わたしは1年で夏がいちばん好きです。

> いちねんで なつが いちばん すきです。

練習　文作り1　ことばを与えて、文を完成させる。
　　　　　　　例：日本料理・てんぷら・おいしい
　　　　　　　　→日本料理でてんぷらがいちばんおいしいです。
　　　文作り2　ことばを与え、学習者にいちばんだと思うものを言わせる。
　　　　　　　例：スポーツ・好き
　　　　　　　　→スポーツでサッカーがいちばん好きです。

展開　〜で何／どこ／だれ／いつがいちばん〜ですか　例文7

「N_1でN_2がいちばん〜です」を答えとする疑問文は、比較の対象の種類によって「何、どこ、だれ、いつ」など、疑問詞が変わる。疑問詞の違う質問を準備しておく。

導入例1　T：皆さんは日本料理が好きですか。すし、てんぷら、いろいろありますね。日本料理で何がいちばん好きですか。
　　　　　S：てんぷらがいちばん好きです。

導入例2　T：このクラスの皆さんは歌が上手ですね。S1さん、S2さん、S3さん……クラスでだれがいちばん歌が上手ですか。

導入例3　T：Sさんの国にきれいな所がたくさんありますね。Sさんの国でどこがいちばんきれいですか。

導入例4　T：1年で8月がいちばん暑いです。Sさんの国はどうですか。
　　　　　1年でいつがいちばん暑いですか。

> にほんりょうりで　なにが　いちばん　すきですか。
> 　…てんぷらが　いちばん　すきです。
> 　クラスで　だれが　いちばん　うたが　じょうずですか。
> 　くにで　どこが　いちばん　きれいですか。
> 　1ねんで　いつが　いちばん　あついですか。

比較の対象となるものによって疑問詞が変わることに注目させる。

練習　A5　ことばを入れ換えて、文の形を確認する練習。
　　　B7　絵を見ながら、適切な疑問詞を考え質問文を作り、答える練習。
　　　QA　例文7などを参考に個別に質問をし、答えさせる。
　　　　　例：Sさんの国の料理で何がいちばんおいしいですか。
　　　　　　　クラスでだれがいちばんサッカーが上手ですか。
　　　C3　旅行先について最適な季節とその理由についての情報を得る。
　　　発展　学習者どうしで相手の国についていろいろな情報を教え合う。

留意点　1）「N₁とN₂とどちらがいちばん～ですか」「N₁のほうがいちばん～です」などのような間違いが見られることがあるので、注意する。
　　　　2）例文7は「日本料理［の中］で」となっている。「～の中」は比較の範囲が明確な場合は省略できる。この課では［の中］を省略した言い方で練習する。

Ⅲ. 会話　祇園祭はどうでしたか

場面　旅行から帰り、寮の管理人に祇園祭の感想を話す。
目標　帰宅の挨拶ができる。経験したことについて簡単な感想が言える。
表現　・すごい人ですね。　「すごい」は感心したり、びっくりしたときに使われる。ここでは、人ごみの多さに驚いている。
練習　内容確認の質問例
　　　・ミラーさんはどこへ行きましたか。
　　　・何を見ましたか。どうでしたか。
　　　・ミラーさんは管理人さんに何を見せましたか。
　　　身につけたい会話表現
　　　・ただいま。　・お帰りなさい。　・ちょっと疲れました。
発展　学習者が実際に経験したことを話題にして会話を作らせる。
　　　『翻訳・文法解説』p.79「祭りと名所」を参考に観光地について話をしてもよい。

留意点　1）祇園祭は日本三大祭りの一つ。写真や資料などで紹介してもよい。
　　　　2）日本では、旅行に行ったとき、普段世話になっている人にお土産を買ってくるのが習慣になっていることを日本事情として伝えておく。

Ⅳ. その他

問題　・6　3つのスーパーの比較を読む問題。文章だけで3つの関係がわかりにくい場合は、大きさ、自宅からの距離、商品など項目別に表にしてみると、理解しやすくなる。

形容詞（過去）の導入の順番について
　　　・ここでは、第8課のやり方に合わせて、まず、「な形容詞」「い形容詞」の肯定形過去を導入・練習し、次にそれぞれの否定形過去を導入・練習しているが、な形容詞過去の肯定形と否定形を練習したあと、い形容詞過去の肯定形、否定形を導入し、練習するやり方もある。い形容詞の活用練習に十分時間をかけたい場合は、後者のやり方のほうが定着がよい場合もある。学習者のレベルを考慮し、より適切なやり方を選択する。

第13課

学習目標

できるようになること
- 欲しい物、したいことが伝えられる。
- 移動の目的が言える。

学習すること

学習項目	文型	例文	練習A	練習B	練習C
1．わたしは〜が欲しいです	1	1	1	1・2	1
2．わたしは〈ます形〉たいです	2	2・3	2・3	3・4	2
3．〈場所〉へ〈ます形〉／〈名詞〉に行きます	3	4・5・6	4	5・6 7・8	3

Ⅰ．新出語彙　導入の留意点

- 遊びます　　　　　何かをして楽しく時間を過ごす。スポーツは「○○をします」となるが「サッカーを遊びます」などの誤用があるので注意。

- 迎えます　　　　　この課では「(人を) 迎えに行きます」という形で使う。

- 疲れます　　　　　第12課で会話表現として「疲れました」を学習した。「疲れる」は、変化を表す動詞であるため、完了の意味の「ました」を伴うと、現在の状態を表す。「のどがかわきます」「おなかがすきます」も同様である。

- 散歩します　　　　「〈場所〉を散歩します」となる。移動するときに通過する場所は助詞「を」で示す。

- 〜ごろ　　　　　　「ごろ」は時点に幅があることを示す。「3時間ごろかかります」のような、期間に「ごろ」をつける誤用に注意する。

- 何か／どこか　　　「何」「どこ」は疑問詞であるが、「何か」「どこか」は疑問詞ではなく、漠然と物や場所を表すことばである。「何か」は練習C2、「どこか」は例文6で扱っている。それぞれの練習を行うときに触れるとよい。

Ⅱ．学習項目の導入と練習

1. わたしは車が欲しいです。　Nが欲しいです

話し手がいろいろなもの（物・人・時間など）を所有したいという欲求を表現する文である。聞き手の欲求を問う場合にも用いられるが、第三者の欲求を表すのには使えない。「欲しいです」の対象は助詞「が」で示す。「欲しい」は、い形容詞なので否定形は「欲しくない」となる。

導入　～が欲しいです　文型1

所有したいと思うものについて、それがないことを示し、それが欲しい気持ちを表情やジェスチャーを交えて伝え、「～が欲しいです」と言う。

　　導入例　空の財布を見せる。
　　　　　　T：お金がありません。お金が欲しいです。
　　　　　　古い靴をはいているのを見せる。
　　　　　　T：古いです。新しい靴が欲しいです。
　　　　　　T：彼（彼女）がいません。彼（彼女）が欲しいです。
　　　　　　T：車がありません。車が欲しいです。

> ［わたしは］　くるまが　ほしいです。

学習者に自分の欲しい物を言わせて理解を確認する。

　　練習　A1　「欲しいです」の対象として、具体的な「物」を表す名詞、「友達」「彼」「彼女」など「人」を表す名詞、「時間」「休み」など抽象的な名詞を示して代入練習をする。
　　　　　B1　イラストを見て、「わたしは～が欲しいです」と言う。

留意点　「勉強」「スキー」など動作を表すことばを使って「わたしは勉強が欲しいです」のような文を作った場合は、所有したいと思う「もの」であることを強調する。

展開1　何が欲しいですか　例文1

欲しい物が何か質問する文を導入する。

　　導入例　導入の板書の「くるま」に ? を置いて、質問文を考えさせ、上に書き足す。

> なにが　ほしいですか。
> …くるまが　ほしいです。

　　練習　QA　学習者どうしで今何が欲しいか質問し合う。

　　　　C1　テレビ局のインタビューで「今いちばん欲しい物」について尋ねられ、理由と共に答える。

展開2 どんな～が欲しいですか

学習者が欲しい物について「どんな」を用いて詳細を尋ねる。

　　導入例　T：Sさんは何が欲しいですか。
　　　　　　S：車が欲しいです。
　　　　　　T：白い車ですか。大きい車ですか。日本の車ですか。どんな車が欲しいですか。
　　　　　　S：わたしは赤い車が欲しいです。

> どんな　くるまが　ほしいですか。
> …あかい　くるまが　ほしいです。
> …にほんの　くるまが　ほしいです。

「どんな」の質問の答えには、色や形、メーカーの名前などが出てくることを例を挙げながら確認する。

　　練習　B2　「どんな」を用いた質問を作り、与えられた語で答える。
　　　　　QA　学習者がお互いの欲しい物について質問し合う。

留意点 1）人に物を勧めるときに、「～が欲しいですか」と言う誤用がよくある。この場合は、「～はいかがですか」と言うように指導する。
　　　　　例：チョコレートを差し出して、
　　　　　　　×チョコレートが欲しいですか。→○チョコレートはいかがですか。
　　　　2）「欲しくないです」は「病気で食事が欲しくない」など、特殊な状況でないと使わないので、扱わない。

2. わたしはすしを（が）食べたいです。　〈Vます形〉たいです

このテキストでは、「ます」に接続する動詞の形を「ます形」と呼ぶ。例えば「食べます」の「食べ」の部分が「ます形」である。
「ます形」に「たいです」をつけて、ある行為をしたいという気持ちを表す。話し手自身の欲求を言うときと、聞き手の欲求を尋ねるときに使う。「欲しいです」と同様、第三者の欲求を表すのには使えない。
「～たいです」は、い形容詞と同じ活用をするので、否定の形は「～たくないです」となる。

導入 ～たいです　文型2 例文2

「のどがかわいた」「おなかがすいた」のような状況から導入する。

　　導入例　「のどがかわきます（E18）」「おなかがすきます（E19）」の絵教材

を準備しておく。
「のどがかわきます（E18）」の絵教材を見せて、
　T：のどがかわきました。水、水……（ジェスチャーを交えて）
　　　水を飲み……飲みたいです。水を飲みたいです。
　　　（準備しておいた水のコップを見つけて水を飲む。）
「おなかがすきます（E19）」の絵教材を見せて、
　T：12時です。おなかがすきました。きのうはてんぷらを食べました。きょうはすしを食べ……食べたいです。

> すしを　たべたいです。

練習　A2　動詞のます形を入れ替えて「〜たいです」の形を練習する。
　　　B3　イラストを見て、「〜たいです」の文を作る。
　　　B4　「〈疑問詞〉〜ますか」を「〈疑問詞〉〜たいですか」に変えて希望を尋ね、与えられたことばを使って答える。
　　　QA1　B4を参考に、学習者どうしで質問応答する。
　　　QA2　例文2を参考に、「どこへ行きたいですか」を使って、夏休みや冬休みの予定について尋ねる。
　　　C2　街歩きや買い物などに疲れた二人が喫茶店に入ろうという相談をしている。
　　　　　喫茶店に入ったあとの会話を続けて、「何か」と「何を」を対比させながら、「何か」の使い方を学ばせるとよい。
　　　　　例　A：何を飲みますか。
　　　　　　　B：わたしはジュースを飲みます。

展開　〜たくないです　例文3

やりたくない状況を示し、「〜たくないです」という発言に導く。

　導入例　ホラー映画の写真などを用意し、「見たくない」というジェスチャーをしながら、
　　　　T：わたしはホラー映画（『翻訳・文法解説』p.61）が嫌いです。見たくないです。

> ［わたしは］ホラーえいがを　みたくないです。

練習　A3　「〜たくないです」の練習。さらに、絵教材を使って練習する。
　　　　　例：国へ帰ります→国へ帰りたくないです。
　　　文作り　例文3を参考に、教師が文を与えて、それに続く文を作らせる。
　　　　　例：きのう、たくさんお酒を飲みましたから、……
　　　　　　　→きょうはお酒を飲みたくないです。

留意点　1)「〜たくないです」は、「欲しくないです」同様、家族や親しい間柄で自分の感情を直接的に表す場合によく使われるので、形の練習を中心に簡単に扱う程度でよい。
2)「〜たいですか」は、目上の人や親しくない人に対して使うと、失礼になる場合が多いので、使わないよう指導する。
なお、人に物を勧めるときは「〜を〜たいですか」ではなく、「〜はいかがですか」を使う。
例：×コーヒーを飲みたいですか。→○コーヒーはいかがですか。

3. わたしはフランスへ料理を習いに行きます。　〈場所〉へ〈Vます形〉／Nに行きます

移動（「行きます」「来ます」など）の目的は、「に」で表す。「に」の前には動詞の「ます形」が来るが、このテキストでは、「〈名詞〉します」（Ⅲグループの動詞）と「〈名詞〉をします」は「〈名詞〉に行きます／来ます」の形で扱う。

導入　〜へ〈動詞ます形〉に行きます　文型3　例文4

次の休日にどこへ行って何をするかを話題にして導入するとよい。

導入例　教師が一人二役で以下の会話をする。
　　A：Bさん、日曜日、何をしますか。
　　B：そうですね。パソコンを買いたいです。秋葉原へ行きます。
　　　　秋葉原へパソコンを買いに行きます。Aさんは？
　　A：わたしは横浜へ行きます。
　　B：横浜へ？　船を見に行きますか。
　　A：いいえ、中国料理を食べに行きます。

　　　あきはばらへ　パソコンを　かいに　いきます。

「〜へ〜に行きます」の文を使うことを促しながら、「日曜日何をしましたか／どこへ行きましたか」という質問をして、「〜に」の理解を確認する。
「に」の意味がはっきりしない学習者には、『翻訳・文法解説』p.87, 3を参照させる。

練習　A4　上段2文「〈ます形〉に行きます」の形の練習。
　　　B5　イラストを見て、文を作る練習。「〈ます形〉に行きます」で移動の目的を言う。
　　文作り　教師がことばを与えて、「〜へ〜に行きます」を作らせる。
　　　　例：エジプト・ピラミッドを見ます
　　　　　　→エジプトへピラミッドを見に行きます。

| 展　開 | ～へ〈名詞〉に行きます　例文5 例文6 |

「〈名詞〉します」（例：散歩します、買い物します、勉強しますなど）や「〈名詞〉をします」（例：スキーをします、釣りをしますなど）は「〈名詞〉に行きます／来ます」の形になる。

導入例　T：わたしは週末神戸へ行きます。神戸はいろいろな物があります。新しい服や靴、おいしい肉やパンがありますから、神戸で買い物します。わたしは週末神戸へ買い物に行きます。

> こうべへ　かいものに　いきます。

「かいもの」が名詞であることに注目させる。「食事」「花見」「カラオケ」などの名詞を提示し、文を作らせるとよい。

練習　A4　中段2文「〈名詞〉に行きます」の形の練習。
「美術の勉強（×美術を勉強）」のように、「〈名詞〉に」の前の助詞が「を」ではなく「の」になることを、また、疑問文の場合（下段1文）は、「何をしに行きますか」と尋ねることを説明する。
　　　　B6　「〈名詞〉に」で移動の目的を言う。
　　　　QA　例文5を参考に、来日の目的などを学習者どうしで尋ね合う。
　　　　B7　「どこへ」そのことをしに行くか質問し、答える。
　　　　B8　「どこへ」以外の疑問詞を使って質問し、答える。
　　　　C3　週末したことについて話す。その感想を聞いたり答えたりする。

留意点　1）「スーパーへ買い物に行きます」の助詞「へ」を、「スーパーで買い物します」と混同して、「で」にしてしまう誤用がある。文末の「行きます」に注目させ、行き先は「へ」で示すことを確認する。
　　　　2）「〈名詞〉します」や「〈名詞〉をします」は「〈名詞〉しに行きます」「〈名詞〉をしに行きます」（例：買い物しに行きます、釣りをしに行きます）の形もあるが、このテキストでは「〈名詞〉に行きます」（例：買い物に行きます、釣りに行きます）で導入している。理由は、「お祭り」や「コンサート」を（自分がするのではなく）見に行く場合は、「お祭りをしに行きます」「コンサートをしに行きます」ではなく「お祭りに行きます」「コンサートに行きます」と言う必要があるが、その使い分けをさせる負担を減らすためである。

Ⅲ．会話　別々にお願いします

場面　昼休みに同僚と近くの店へ食事に行く。
目標　店で食事の簡単な注文ができる。食事の支払いが別々にできる。
表現　・ご注文は？　店の人が使っている敬語「ご注文は？」「[少々] お待ちください」「～でございます」はこの課では、聞いてわかればよい。
練習　内容確認の質問例
　　　・山田さんとミラーさんはどこへ行きましたか。
　　　・何を食べましたか。
　　　・いくらでしたか。
　　　身につけたい会話表現
　　　・きょうは日本料理が食べたいですね。
　　　・わたしは牛どん。
　　　・別々にお願いします。
発展　時間、料理の種類、店、注文するメニュー、値段などを自由に変えて、それぞれの役を与え、練習するとよい。

(留意点)「わたしはてんぷら定食」という文は、「わたしはてんぷら定食を食べます。」という意味である。

Ⅳ．その他

文型　・2 「わたしは　すしを（が）　食べたいです。」のように、「～たいです。」と言うとき、助詞「を」の代わりに「が」を使うことができる。

例文　・6 「どこか」は次のように練習するとよい。
　　　A：週末どこか行きましたか。
　　　B：はい、行きました。
　　　A：どこへ行きましたか。
　　　B：神戸へ行きました。
　　　A：Cさん、週末どこか行きましたか。
　　　C：いいえ、どこも行きませんでした。

問題　・3－4) 5) 「何も」「どこも」に注目して、否定形で答える。

　　　・6　トモという名の犬が擬人化されて話しているものである。猫の立場から作文してみるとおもしろい。

第14課

学習目標

できるようになること
- 簡単な指示、依頼、勧め、申し出ができる。
- 今、何をしているか言える。

学習すること

学習項目	文型	例文	練習A	練習B	練習C
1.〈て形〉ください	1	1・2	1・2	1・2・3	1
2.〈ます形〉ましょうか	2	3・4	3	4・5	2
3.〈て形〉います	3	5・6	4	6・7	3

Ⅰ. 新出語彙　導入の留意点

- 手伝います　　　宿題／仕事／料理を手伝います

- 呼びます　　　　人／名前／タクシーを呼びます

- 話します　　　　「～語を話します」「～語で話します」どちらも使えるが、コミュニケーションの手段として言語を使い分ける場合は「～語で」がふさわしい。
お互いに話し合う場合は「友達と話します」に、友達が聞き役になる場合は「友達に話します」となる。

- 止めます　　　　「車／CDを止めます（停止する）」と「ここに車を止めます（駐車する）」の2通りある。

- 見せます　　　　〈人〉にパスポート／写真を見せます

- 教えます　　　　〈人〉に名前、住所、電話番号を教えます

- 座ります　　　　座る場所は助詞「に」で表すが、この「に」は第15課に出てくる。動作の結果、その動作をした人が存在する場所（着点）を表す。

- 入ります　　　　「喫茶店／部屋に入ります」の「に」は「～に座ります」と同様、着点を表す。

- 出ます　　　　　「喫茶店／部屋を出ます」の「を」は離れる点を表す。

- 降ります　　　　「雨が降ります」　ある現象を見たまま、聞いたまま描写するとき、主語は「が」で示す。

・〜方	「〈動詞ます形〉＋方」によって、その動作の方法を表す。「漢字を書きます→漢字の書き方」のように、名詞をつなぐときは「の」を使う。例：漢字の書き方／読み方、地図の見方、コンピューターの使い方
・ゆっくり	「ゆっくり話します（速度）」と「ゆっくり休みます（くつろいだ状態）」がある。
・もう〜	「もう少し、もう1回、もう1人」など、数、量を付け加えるときに使う。

Ⅱ．学習項目の導入と練習

1. ちょっと待ってください。　〈Vて形〉ください

動詞は活用の型により3つのグループに分けられる。このテキストでは、学校文法の五段動詞に当たるものを「Ⅰグループ」、一段動詞に当たるものを「Ⅱグループ」、カ変動詞、サ変動詞に当たるものを「Ⅲグループ」と呼んでいる。具体的にどの動詞が何グループかについては、『翻訳・文法解説』p. 170〜181を参照。

動詞の活用形には「て」または「で」で終わる形があり、これを「て形」と言う。
「て形」に後続句「ください」を接続した表現は、3つの機能がある。指示、依頼、勧めである。指示の意味では目上の人には使わない。

導入　〜てください　文型1　例文1

まず指示の機能から入る。これまでの教室活動でよく耳にしてきたと思われる「書いてください」「読んでください」「言ってください」などの指示の表現から入るとよい。

> 導入例　学習者に教室でいろいろ指示する。
> 　　　　T：暑いですね。Sさん、窓を（開けるジェスチャーをして）開けてください。
> 　　　　　（席に戻ろうとする学習者に）あ、ちょっと待ってください。
> 　　　　　ドアも開けてください（開けるジェスチャー）。ありがとう。

> ちょっと　まって　ください。

「まって」は「まちます」の「て形」であること、すべての動詞が「て形」を持つことを説明する。

練習　A1　動詞のグループ分け

動詞には3つのグループがあることを紹介する。
①既習の動詞の絵教材を集め、グループ別に分けておく。
　グループ別に「ます」の前の音に注意させ、Ⅰグループ動詞の「ます」の前の音がイ段の音に、Ⅱグループ動詞の「ます」の前の音がエ段の音になっていることに気付かせる。このと

き、Ⅱグループ動詞の「ます」の前の音がイ段になっているもの（例：起きます、借ります、見ます、いますなど）は省いておく。「します」「〜します」はⅢグループであると説明する。

②A1の「ます形」の欄を見せ、「ます」の前の音を文字で確認させる。そのとき、Ⅱグループ動詞の「ます」の前の音がイ段になっているものとⅢグループの「来ます」を紹介する。『翻訳・文法解説』の第14課以降の動詞の後ろに示されているⅠ、Ⅱ、Ⅲの数字は動詞のグループを表していることを紹介してもよい。

A1　て形の導入
①難易度を考えて、Ⅱ→Ⅲ→Ⅰグループの順に導入する。
Ⅰグループは同じ音変化のものをまとめて練習する。
「ます」の前の文字によって、以下のように変化する。
・「き／ぎ」→「いて／いで」
＊ただし、「行きます」→「行って」。（Ⅰグループの最後に出す。注意を促すために、テキストに＊をつけている。）
・「び、み」→「んで」
・「い、ち、り」→「って」
・「し」→「して」

②全体の形を紹介したあと、A1の「て形」もしくはCD-ROMに収録の「て形の作り方」で確認させ、各自で整理する時間を与える。
③動詞文字カード、動詞絵教材でグループごとに練習していく。

A2　上段3文　動詞を入れ替えて、指示の機能の「〜てください」を練習する。

B1　例、1) は入国管理事務所の係官が旅行者に、2) は上司が部下に、3) はタクシーの客が運転手に、4) は先生が学生に指示をしている。

留意点） 1）Ⅰグループの「話します」「貸します」は「します」の音を持つことからⅢグループと混同する学習者がいる。Ⅲグループのことばは「名詞＋します」であると説明する。

2）Ⅰグループの活用は複雑なので、息抜きのために歌に乗せて覚えさせるのもよい。例：『雪山賛歌』のメロディーで「いちり・って、みび・んで、き・いて、ぎ・いで、し・して、いちり・って、みび・んで、き・いてぎ・いで、し・して」

展開1　[すみませんが、] 〜てください　例文2

話しかけるときに前置きとして使う「すみませんが」とともに、依頼の表現を導入する。教えてほしい、貸してほしい、など聞き手にお願いするようなことを例とする。

導入例　T：（かばんの中を探して）あれ？　ボールペンがありません。S
　　　　さん、すみませんが、ボールペンを貸してください。

練習　　A2　中段2文　動詞を入れ替えて、依頼の表現を練習する。
　　　　B2　与えられたことばを使って、何かをお願いする練習である。
　　　　文作り　[例文2] を参考に、漢字の読み方、書き方、何かの使い方
　　　　　　　　を教えてもらう。
　　　　C1　人へのお願いと、お願いされたときの応答の練習をする。
　　　　　　　物のやりとりの場合は「はい、どうぞ」、頼まれたことをす
　　　　　　　る場合は「いいですよ」で受ける。

展開2　[どうぞ]～てください

「どうぞ」を伴って、人に何かすることを勧める表現を導入する。
依頼表現は話し手に恩恵をもたらす行為を相手に求めるのに対し、これは聞
き手に恩恵をもたらす行為を勧めるものである。

導入例　教師が一人二役をする。
　　　　A：あ、雨ですね。Sさん、傘がありますか。
　　　　B：いいえ。
　　　　A：じゃ、どうぞこれを使ってください。わたしは2本（ジェスチャー）
　　　　　　ありますから。
　　　　B：ありがとうございます。

練習　　A2　下段2文　動詞を入れ替えて、勧めの「～てください」を練習。
　　　　B3　イラストを見て、人に何かを勧める練習。

2. 荷物を持ちましょうか。　〈Vます形〉ましょうか

話し手が聞き手のために自発的に何かを行うことを申し出る表現である。申し出を受
けるときは「お願いします」、断るときは理由を添えて「けっこうです」と言う。

導　入　～ましょうか　文型2　例文3　例文4

相手が手助けを必要としている場面を設定する。

導入例　教師が一人二役をする。
　　　　A：（重そうな荷物を持っている女性に）大変ですね。持ちましょ
　　　　　　うか。
　　　　B：（嬉しそうに）お願いします。ありがとうございます。

練習　　A3　動詞を入れ替えて「～ましょうか」の形の練習。
　　　　B4　与えられたことばを「申し出」に変え、その申し出に対して、
　　　　　　指示に従い、「ええ、お願いします」で受けるか、「いいえ、
　　　　　　けっこうです」で断る練習。

　　　　B5　申し出に対して、小さな条件をつけ、「～てください」を使っ
　　　　　　て好意を受けるやりとりの練習。
　　　　C2　親切な申し出をする。丁寧に受ける。
　　　　発展　例文4 を参考に、親切な申し出に対して、理由をつけて断
　　　　　　る練習をする。

(留意点) いっしょに行為を行うことを呼びかける「～ましょう」とは違って、行為を
　　　　行うのは話し手だけであることに注意する。

3. ミラーさんは今電話をかけています。　〈Vて形〉います

現在行われている動作を説明する。否定は「〈Vて形〉いません」になる。

導入　～ています　文型3　例文5

人が今何をしているかを説明する場面を作って導入する。

　導入例　教師が一人二役をする。
　　　　T：始めましょう。（見回して）S1さんがいませんね。どこですか。
　　　　S2：（外を指して）S1さんは電話をかけます。
　　　　T：S1さんは今電話をかけています。

　　　┌─────────────────────────────┐
　　　│　S1さんは　いま　でんわを　かけて　います。　│
　　　└─────────────────────────────┘

　練習　A4　動詞を入れ替えて「～ています」の形の練習をする。
　　　文作り1　B7の絵を利用して「～さんは～ています」で描写する。
　　　　　　　例：カリナさんは
　　　　　　　　　→カリナさんは絵をかいています。
　　　文作り2　『翻訳・文法解説』p. 91「駅」のイラストを利用して、
　　　　　　　誰が何をしているかを描写する。人物には前もって
　　　　　　　ABCなり、名前なりをつけておく。

展開1　～ていますか　…はい、～ています／いいえ、～ていません　例文6

　導入例　「[雨が]降ります（V64）」の絵教材を示し、窓辺の人に
　　　　T：今雨が降っていますか。
　　　　S：はい、います。／いいえ、いません。
　　　　T：はい、降っています。／いいえ、降っていません。

　　　┌─────────────────────────────┐
　　　│　いま　あめが　ふって　いますか。　　　　　　　　　│
　　　│　　　…はい、　ふって　います。　　　　　　　　　　│
　　　│　　　…いいえ、ふって　いません。　　　　　　　　　│
　　　└─────────────────────────────┘

「はい、います／いいえ、いません」にならないことを確認する。

| 練習 | QA | B7の絵を利用して質問応答練習する。
例：サントスさんは寝ていますか。 |

展開2 何をしていますか

導入例　学習者の一人（S1）に、「ほんを　よんで　ください」「えを　かいて　ください」などと書いた紙を渡し、ジェスチャーをさせる。
　　　　T：S1さんは今本を読んでいますか、音楽を聞いていますか。絵をかいていますか。……何をしていますか。
　　　　S2：本を読んでいます。／何もしていません。休んでいます。

> S1さんは　いま　なにを　して　いますか。
> …ほんを　よんで　います。
> …やすんで　います。

| 練習 | B6 | 「何をしているか」を尋ね、イラストを見て答える質問応答練習。 |
| | B7 | 「だれと、どこで、何を」などを尋ねる質問、「何をしているか」を尋ねる質問、単にはい／いいえを求める質問など、すべてのタイプの質問を含んだ練習。 |
| | C3 | バス旅行でミラーさんが集合時間に遅れている理由を説明している。
・さあ　　「行きましょう」「始めましょう」などといっしょに何かをしようと声をかけたり、促したりする。
・あれ？　いつもと違う状態に気付いたときに思わず発することば。上昇調。 |
| 発展 | | 「呼んでください」のあと、Bさんがどんなセリフを言うか考えてみる。 |

Ⅲ．会話　みどり町までお願いします

場面	タクシーに乗る。
目標	タクシーに乗り、運転手に簡単な指示を出し、目的地まで行ける。
表現	・信号を右へ曲がってください。　助詞「を」は通過点を示す
	・これでお願いします。　　　　　少額の支払いを、5千円札や1万円札で行うときに使われる。頭に、「すみませんが、」とつけてもよい。クレジットカードで支払うときも用いられる。

練習　内容確認の質問例
　　　・カリナさんはどこへ行きますか。
　　　・運転手はどこで車を止めましたか。

　　　　　・タクシーはいくらでしたか。
　　　　身につけたい会話表現
　　　　・みどり町までお願いします。
　　　　・右へ曲がって／まっすぐ行って／止めてください。
　　　　・これでお願いします。
　発展　・学習者どうしで運転手と客になって、行き先、指示、料金などを変えて練習する。

留意点　日本では、タクシーは自動ドアなので、自分で開けたり閉めたりしないことなどを経験のある人に話させたり、教師が説明したりするとおもしろい。

Ⅳ．その他

　問題　・7　このメールを参考に、春休み、夏休み、冬休みの近況報告をし、誘いのメールを書いてみる。

第15課

学習目標

できるようになること
- 許可を求めることができる。
- 禁止されていることがわかる。
- 家族や仕事など、身近な話題について話せる。

学習すること

学習項目	文型	例文	練習A	練習B	練習C
1．〈て形〉もいいですか	1	1・2	1	1・2	1
2．〈て形〉はいけません		3	2	3	
3．〈て形〉います(結果の状態)	2	4・5・6	3	4	2
（習慣的行為・職業）		7	4	5・6	3

Ⅰ．新出語彙　導入の留意点

- 置きます 「置きます」はⅠグループ、「起きます」はⅡグループの動詞。て形はそれぞれ「置いて」「起きて」になる。
物を「置く」場所は助詞「に」で表すが、同じ用法の「に」は練習A2やB3-3)「ここに車を止めてはいけません。」で出てくる。この「に」は動詞が表す動作の結果、物や人が存在する場所を表す。

- 歯医者 歯科医院を指す場合と歯科医師を指す場合がある。

- すみません この課では許可できないことを申し訳なく思う気持ちを表す意で使われる。店員や知らない人に呼びかけるときの用法は第3課、お礼を言うとき（＝ありがとうございます）の用法は第10課で既習。

- 座ります／入ります 第14課で既出だが、この課では「～に座ります／入ります」の形で練習する。『翻訳・文法解説』p. 99, 4を参照。

Ⅱ．学習項目の導入と練習

1. 写真を撮ってもいいですか。　〈Ｖて形〉もいいですか

許可を求める表現である。答え方は、許可をする場合は「いいです（よ）」「どうぞ」などを用い、許可をしない場合は、「すみません、ちょっと……」を用いる。

導　入　～てもいいですか　文型1　例文1

写真撮影の許可をもらう、飲食店で相席を頼む、暑さを感じる部屋で同室の人に窓を開けてもいいかどうか聞くなど、誰でも経験したことがあるような状況、場面を提示して導入するとわかりやすい。

導入例1　T：おなかがすきました。カレーの店へ入ります。人が多いですね。
（と言いながら、席を探しているジェスチャー。1つだけ空いている席を見つけて、そのテーブルの人に声をかける。）
ここに座ってもいいですか。
「ここに座ります。いいですか。」と言ってから、「座ってもいいですか」に持っていってもよい。

導入例2　T：女の人が犬と散歩をしています。わたしは犬がとても好きです。
（スマホを取り出して）あのう、写真を撮ってもいいですか。

> しゃしんを　とっても　いいですか。

練習　A1　「～てもいいですか」を使った文の意味と形を確認し、練習する。さらに、動詞は変えずに「鉛筆で」「このホッチキスを」「ここに」の部分を入れ替えて、練習をするとよい。
　　　B1　動詞をて形に変え、「～てもいいですか」の文を作る練習。さらに、「パソコン、使います」「トイレ、行きます」のように助詞なしでことばを与え、練習するのもよい。

展　開　いいですよ。どうぞ。／すみません、ちょっと……　例文1　例文2

許可を求められたときの答え方を導入する。

導入例1　教師が一人二役で演じる。
A：犬の写真を撮ってもいいですか。
B：ええ、いいですよ。どうぞ。

導入例2　A：ここに座ってもいいですか。
B：すみません、ちょっと……。友達が来ますから。
理由を加えることで丁寧さを出す。

練習　B2　「～てもいいですか」に対する答え方の練習。
さらに、教師と学習者、学習者どうしで既習の動詞を使って

やりとりする。断るか、許可するかは自由に選ぶ。
C1 店や案内所、駅などに置かれているいろいろな無料の印刷物を、そこにいる人に声をかけて、もらう。

留意点 否定の答え方「いいえ、いけません／だめです」は、ここでは扱わない。学習者から質問が出れば、規則などで許可できない場合にはこの表現が使われることを例を挙げて説明する。
例：公園で 通行人：（犬の）写真を撮ってもいいですか。
飼い主：すみません。ちょっと……。
教室で 学生：辞書を使ってもいいですか。
先生：いいえ、だめです。試験ですから。

2. ここで写真を撮ってはいけません。 〈Vて形〉はいけません

ある行為を禁止する場合に用いる。大人（親など）が子どもに、先生が生徒に「禁止」を伝えるときに用いられる。強い語感を持つ表現なのでこの課では規則などで禁止されていることを中心に扱う。

導 入 ～てはいけません 例文3

既習の動詞で説明できる禁止標識（禁煙、撮影禁止、携帯電話使用禁止など）を示して導入する。やりとりで導入する場合は禁止できる立場にある人物を設定して導入する。

導入例1 撮影禁止マークを見せて、Ｔ：写真を撮ってはいけません。
禁煙マークを見せて、Ｔ：たばこを吸ってはいけません。
携帯電話使用禁止マークを見せて、
Ｔ：ケータイを使ってはいけません。

導入例2 先生が生徒を連れて美術館へ見学に来た場面を設定する。美術館に入るまえに先生が注意事項を言う。
Ｔ：皆さん、今から美術館に入ります。美術館の中で写真を撮ってはいけません。ケータイで話してはいけません。食べ物を食べてはいけません。わかりましたか。

しゃしんを とっては いけません。

練習 A2 「～てはいけません」を使った文の意味と形を確認し、練習する。さらに、絵教材を見せて文を作らせる。
B3 イラストを見て、「～てはいけません」の文を言う練習。「ここで」「ここに」を使い分ける点に注意。
文作り 場所の名詞を与えて学習者に文を作らせる。
例：図書館→図書館で食べてはいけません。

3. サントスさんは電子辞書を持っています。　〈Vて形〉います

この課では、「〈Vて形〉います」の状態を表す用法と、長期間にわたり同じ動作が繰り返し行われている習慣的な行為や、それが職業、身分などを表す用法の2つを扱う。

導入1　持っています・知っています　文型2　例文4　住んでいます　例文5　結婚しています　例文6

「状態を表す」というような説明はせず、「～ています」の形で用いる表現として導入する。

導入例1　T：サントスさんは奥さんがいますか。
　　　　　S：はい。マリアさんです。
　　　　　右のような図をかく。

　　　　　　　　　　　　　　　　けっこんしました
　　　　　　　　　　　　どくしん　↓　けっこんしています
　　　　　　　　　──────────────────────→
　　　　　　　　　　　　　　　27さい　　　　　　　　39さい

　　　　　T：（図の「27さい」を指して）サントスさんは結婚しました。今、39歳です。サントスさんは結婚しています。
　　　　　　　ミラーさんは？　独身ですね。ミラーさんは結婚していません。

> サントスさんは　けっこんして　います。
> ミラーさんは　けっこんして　いません。

導入例2　T：Sさん、今、何時ですか。
　　　　　S：11時です。
　　　　　T：ありがとう。
　　　　　自分の腕やポケット、かばんの中などを学習者に示して、
　　　　　T：わたしは時計を持っていません。

> ［わたしは］　とけいを　もって　いません。

今所持していないことと、所有していないことの両方の意味を確認する。

導入例3　T：わたしのうちは神戸にあります。わたしは神戸に住んでいます。
　　　　　わたしのうちのとなりに古いうちがあります。（ホワイトボードに古い家の絵とその前に「このうち、売ります」の立て看板をかく。）このうちにだれも住んでいません。

> ［わたしは］　こうべに　すんで　います。

導入例4　学習者がよく知っていると思われる人物やアニメの主人公の写真を見せて、
　　　　T：だれですか。
　　　　S：○○さんです。
　　　　T：Sさんは○○さんを知っています。
　　　　学習者が知らない人の写真を見せて、
　　　　T：だれですか。（学習者の反応を見て）Sさんは××さんを知りません。

> この　ひとを　しって　いますか。
> 　…はい、　しって　います。
> 　…いいえ、　しりません。

練習　A3　「住んでいます」「知っています「結婚しています」など、「～ています」を使った文を言う練習。
　　　　　「わたしは」の部分を会話の登場人物に入れ替えて練習してもよい。
　　　B4　「～ていますか」の質問に対し、「はい」「いいえ」で答える練習。特に、知らない場合は「知りません」と答えることに注意させる。
　　　QA　有名人に関する質問をする。
　　　　　例：メッシを知っていますか。
　　　　　　　今どこに住んでいますか。
　　　　　　　結婚していますか。
　　　　　　　飛行機を持っていますか。
　　　C2　相手に知っているかどうか聞いて、情報を求める。
　　　発展1　実際に学習者どうしで知っているかどうかを聞いて自分の欲しい情報を得る会話を作らせる。
　　　発展2　「持っていますか」を使った会話を考えさせる。
　　　　　例　A：鉛筆を持っていますか。　B：ええ。
　　　　　　　A：すみません。ちょっと貸してください。
　　　　　　　B：いいですよ。どうぞ。

留意点　1）「結婚していますか」は女性やあまり親しくない人に聞くのは失礼である。練習では第三者について聞くようにする。質問応答では、学習者の反応に注意し、個人的なことに立ち入った質問にならないよう留意する。
　　　　2）「（～が）あります」と「持っています」はほとんど同じ意味だが、使い方が異なる場合がある。「時間」「用事」「約束」に「あります」は使えるが「持っています」は使えない。
　　　　3）「持っています」には、実際に「手に持っている」という意味以外に、所持、所有の意味があることを理解させる。

|導入2| 作っています・売っています・使っています
　　　　働いています・勉強しています・研究しています・教えています　|例文7|

上記の動詞に限って導入する。学習者がよく知っていると思われる会社や人物を取り上げる。

導入例1　T：皆さんはどこで切手を買いますか。郵便局？　郵便局は5時までですね。日曜日は休みです。わたしはコンビニで切手を買います。コンビニで切手を売っています。
　　　　　T：IMCは何の会社ですか。コンピューターソフトの会社ですね。IMCはコンピューターソフトを作っています。
　　　　　　トヨタを知っていますか。車の会社ですね。トヨタは車を作っています。

> トヨタは　くるまを　つくって　います。

文作り　ことばを与えて、「売っています、作っています、使っています」を使った文を作る練習。
　　　　　例：セイコー・時計・作ります
　　　　　　　→セイコーは時計を作っています。
B5　　　会社、店などの業務・活動についての質問に答える練習。
QA　　　B5の質問を参考に、学習者が実際に知りたいことを質問し、教師あるいは学習者が答える。教師が質問するのも可。

導入例2　T：（登場人物の絵を見せながら）ミラーさんはIMCの社員です。ミラーさんは会社員です。ミラーさんはIMCで働いています。ワットさんはさくら大学の先生です。さくら大学で教えています。カリナさんは富士大学の学生です。富士大学で勉強しています。イーさんはAKCの研究者です。AKCで研究しています。

> ミラーさんは　IMCで　はたらいて　います。

練習　A4　「働いています、教えています、勉強しています」など、「～ています」を使った文を作る練習。
　　　　　「IMCで」「会社で英語を」「日本語学校で日本語を」の部分を置き換えて練習してもよい。
　　　B6　動詞をて形に変えて、人の身分・職業について尋ねる文を作り、それに答える練習。
　　　QA　B6の質問を参考に、T⇒S、S⇔Sで実際に質問し、答える。
　　　C3　テレビの番組でインタビューに答えて出身、職業を言う。
　　　発展　学習者どうしでインタビューする人とされる人になって会話する。インタビューされる人は自分自身のことを答える。

Ⅲ．会話　ご家族は？

場面　映画を見て思い出した自分の家族について話す。
目標　家族構成や、家族の仕事などについて簡単に話せる。
表現　・いらっしゃいます　　「います」の尊敬語であるが、ここでは特に説明はせず、『翻訳・文法解説』の訳にとどめる。
練習　内容確認の質問例
　　・ミラーさんの家族は何人ですか。だれとだれですか。
　　・ミラーさんのご両親はどこに住んでいますか。
　　・お姉さんはどこで働いていますか。
　　・木村さんの家族は何人ですか。
　　・木村さんのお父さんの仕事は何ですか。お母さんは何をしていますか。
　　身につけたい会話表現
　　・ご家族は？
発展　『翻訳・文法解説』p. 49「家族」、p. 97「職業」などを利用し、学習者どうしで家族について話す。学習者の様子を見て、立ち入りすぎないようにする。

Ⅳ．その他

例文　・3　親あるいは先生が子どもに注意している場面が想定されている。
　　　・6　「結婚していますか」に対して「結婚していません」のほかに「独身です」と答えることもできることを紹介する。

問題　・8　国（宗教）によってはクリスマスやサンタクロースと無縁の学習者もいるので、この読み物から話す活動につなげるような場合にはその点に留意する。

第16課

学習目標

できるようになること
- 日常生活の行動を順を追って話せる。
- 人や物、場所などについて簡単な描写説明ができる。

学習すること

学習項目	文型	例文	練習A	練習B	練習C
1．〈て形〉、〈て形〉、～	1	1・2	1	1・2	1
2．〈て形〉から、～	2	3	2	3・4	2
3．～は～が～	3	4	3	5	
4．〈い形容詞(～い)〉くて、～ 　〈な形容詞〉／〈名詞〉で、～	4	5・6・7	4	6・7・8	3

Ⅰ．新出語彙　導入の留意点

- 乗ります［電車に～］　　「電車に乗ります」の「に」は動詞が表す動作の結果、物や人が存在する場所を表す。「(大学)に入ります」も同様。『翻訳・文法解説』p. 99-4を参照。

- 降ります［電車を～］　　「電車を降ります」の「を」は動詞が表す動作の結果、動作をする人が離れる場所を表す。「(大学)を出ます」も同様。『翻訳・文法解説』p. 105-4を参照。

- 乗り換えます　　「地下鉄からJRに乗り換えます」

- 入れます　　「〈場所〉に入れます」となる。例：冷蔵庫にビールを入れます。

- 出します　　「〈場所〉から出します」となる。例：冷蔵庫からビールを出します。

- 飲みます　　この課では「お酒を飲む」という意味。

- 緑　　色と樹木の意味がある。例：緑(色)のシャツ。この町は緑が多い。

Ⅱ．学習項目の導入と練習

1. 朝ジョギングをして、シャワーを浴びて、会社へ行きます。
〈Vて形〉、〈Vて形〉、～

2つ以上の行為を続けて行うとき、その行為の順に、「て形」を用いて並べる。
時制は文末によって、過去、非過去が決まる。

導入 ～て～て、～ 文型1 例文1

行為の順番を述べていることがわかる例（日常の習慣としている行為）を示す。絵教材を並べるとわかりやすい。

導入例1　T：朝何時に起きますか。
　　　　　S：6時に起きます。
　　　　　T：それから何をしますか。
　　　　　S：ジョギングをします。
　　　　　T：それから何をしますか。
　　　　　S：朝ごはんを食べます。
　　　　　T：Sさんは朝6時に起きて、ジョギングをして、それから朝ごはんを食べます。

導入例2　上の文の「あした」を「きのう」に変えて、
　　　　　T：きのう6時に起きました。ジョギングをしました。それから朝ごはんを食べました。（と言いながら、板書を書き足す。）

> あさ　6じに　おきて、ジョギングを　して、それから　あさごはんを　たべます。
> きのう　6じに　おきて、ジョギングを　して、それから　あさごはんを　たべました。

練習　A1　3つの行為を「～て」を使って順に述べる練習。文末に注意させる。
　　　B1　2つの文を「～て」でつないで述べる練習。3）4）は文末が過去形になる。
　　　B2　イラストを見て、3つの行為を「～て」でつないで述べる練習。最後の文の前に「それから」を入れる。
　　　QA　例文1を参考に、きのう／週末何をしたか、質問応答する。
　　　C1　きのうどこで何をしたかについておしゃべりする。
　　　発展　週末などについて同じパターンで会話する。最後に「そうですか。どうでしたか」を加えて感想を聞く。

展開 どうやって 例文2

道順、手順を尋ねる疑問詞を導入する。
行きたい所への行き方、切符の券売機などの使い方を聞く。

導入例1　ホテルのフロントの人と客の絵を示しながら教師が一人二役をする。
　　　　A：すみません。新幹線の駅へ行きたいですが、行き方がわかりません。新幹線の駅までどうやって行きますか。
　　　　B：地下鉄に乗って、新大阪駅で降りてください。
　　　　A：どうもありがとうございました。

導入例2　切符の券売機の前にいる駅員と客の絵を示しながら教師が一人二役をする。
　　　　A：すみません。新大阪へ行きたいです。どうやって切符を買いますか。教えてください。
　　　　B：はい。ここにお金を入れて、このボタンを押してください。

> どうやって　きっぷを　かいますか。
> …ここに　おかねを　いれて、この　ボタンを　おして　ください。

練習　　QA　例文2 を参考に、自宅から学校／大学／会社にどうやって行くか質問応答する。

留意点　1）「〜ます。〜ます。〜ます。」と「〜て、〜て、〜ます。」とどう違うかという質問が出ることがある。前者は3つの文で、接続詞「そして」「それから」などを補わないと時間的な前後関係がはっきりしないが、後者は1つの文であり、行為が時間的な流れに沿って表される。
　　　　2）「て形」でつなぐ文は長くなるので、「〜て」でつなぐ文は3つぐらいまでにし、練習をする際は、記憶を助けるために、絵を並べるなどの工夫をするとよい。

2. コンサートが終わってから、レストランで食事しました。
〈V₁て形〉から、V₂

2つの動作の時間的な前後関係（動作2が、動作1のあとに行われる）を表す。時制は文末によって、過去、非過去が決まる。従属節「〜てから」の中の主語は「が」で示す。

導入　〜てから、〜　文型2 例文3

場面を絵教材などで提示すると、どちらの動作が先かわかりやすい。

　　　　導入例　教師は一人二役をする。
　　　　　　A：仕事が終わって、うちへ帰ります。すぐに晩ごはんを食べますか（「食べます（V10）」の絵教材を見せる）。シャワーを浴びますか（「浴びます」（V76）の絵教材を見せる）。わたしはシャワーを浴びます。それからごはんをたべます。シャワーを浴びてから、ごはんを食べます。Bさんは？
　　　　　　B：わたしはすぐにごはんを食べます。それから、シャワーを浴びます。

> シャワーを　あびてから、ごはんを　たべます。
> ごはんを　たべてから、シャワーを　あびます。

「日本語を勉強してから、日本へ来ましたか。日本へ来てから、勉強を始めましたか。」と質問をして、確認する。

練習　A2　後件の動作が、前件（～てから）の動作のあとに行われることを述べる練習。
　　　B3　2つの文を「～てから」を使ってつなぐ練習。文末が時制を表す。初めの文の動詞の形に惑わされないように注意。
　　　B4　「もう～ましたか」の質問に対して、「いいえ、まだです。～てから、～ます」という形で答える練習。
　　　C2　日本語の学習について話す。聞き手は、ほめられて、謙遜する。

(留意点) 1)「V₁て、V₂て、…」と「V₁てから、V₂」の違いを質問されることがある。前者はする／したことを順番に述べているのに対し、後者の言いたいことはV₁が終わってからV₂をする／したということである。

2)「朝起きてから、ごはんを食べます。」のような文を作る学習者がいる。「V₁てから、V₂」は、V₂の前提や準備的な動作（V₁）をわざわざ言う場合に使われることが多いので、「朝起きる」という当然の動作に用いると不自然な文になる。

3. 大阪は食べ物がおいしいです。　N_1はN_2がAです

この文は助詞「は」で取り上げられた物や人の特徴について述べる場合に用いられる。上の見出し文の「大阪」はこの文の主題を表す。「食べ物」は「おいしいです」の主語である。

導入　～は～が～です　文型3　例文4

特徴ある動物の写真を準備し、その特徴を描写する。
身体部分の名称を復習しておく。

導入例1　象の写真／絵を見せて、
　　　　T：これは象です。（鼻を指して）鼻です。長いですね。象は鼻が長いです。（キリンを見せて）これはキリンです。首です。長いですね。キリンは首が長いです。

導入例2　マリアさんが「会話」に出ているイラストを準備する（第3課、第7課、第8課、第16課）。会話のイラストを見せて、
　　　　T：マリアさんは……。　　　　S：きれいです。
　　　　T：そして、髪が……。　　　　S：そして、髪が長いです。
　　　　T：背が（ジェスチャーで示す）……。S：高いです。
　　　　T：マリアさんは髪が長いです。背が高いです。

> マリアさんは　かみが　ながいです。

練習　　A3　カリナさんについて詳しく描写する練習。
　　　　B5　北海道について詳しく描写する練習。
　　文作り　特徴ある人物（有名人、架空の人）、動物、場所などの絵を見せ、ことばを与えて、文を作らせる。
　　　　　例：（うさぎの写真を見せて）うさぎ・耳・長い
　　　　　　　→うさぎは耳が長いです。
　　　　　　　（日本地図を見せて）日本・山・多い
　　　　　　　→日本は山が多いです。
　　QA　学習者の町・国について質問する。
　　　　　例：Sさんの町は緑が多いですか。車が少ないですか。何が有名ですか。

留意点　1）人の身体的特徴を揶揄するような表現につながらないよう留意する。
　　　　2）「カリナさんは髪が短いです」と「カリナさんの髪は短いです」の違いについて質問が出た場合、前者の主題（言いたいこと）はカリナさんについてで、後者はカリナさんの髪についてであり、前者は、「カリナさん」は「背が高いです／頭がいいです／親切です／インドネシア人です」、後者は「カリナさんの髪」は「黒いです／きれいです／すてきです」などと続けられる、と例を示す。

4. この部屋は広くて、明るいです。

N_1は〈いA (い)〉くて、～
　　〈なA〉／N_2で、～

形容詞文、名詞文を2文以上つなぐとき、い形容詞は「～いです」を「～くて」に、な形容詞、名詞は「～です」を「～で」に変える。時制は文末によって過去、非過去が決まる。

導入　～くて～、　文型4　例文5　～で、～　例文6　例文7

2つ以上の文を出して、それを1つの文にする作業をする。

導入例1　登場人物のページを開いて、
　　　　T：カリナさんは何歳ですか。　　S：24歳です。
　　　　T：若いですね。　　　　　　　　S：はい。そして、きれいです。
　　　　T：カリナさんは若いです。そして、きれいです。
　　　　　　カリナさんは若くて、きれいです。

導入例2　T：カリナさんはきれいですね。　S：はい、きれいです。
　　　　T：親切ですか。　　　　　　　　S：はい、親切です。
　　　　T：カリナさんはきれいで、親切です。

導入例3　T：カリナさんは24歳ですね。　S：はい。
　　　　　T：結婚していますか。　　　　　S：いいえ、独身です。
　　　　　T：カリナさんは24歳で、独身です。

> カリナさんは　わかくて、きれいです。
> 　　　　　　きれいで、しんせつです。
> 　　　　　　24さいで、どくしんです。

練習　　A4　ミラーさんについての描写。接続の形を確認する。
　　　　　　「頭がいい」が、「頭がよくて」になることに注意。
　　　　B6　例1と1）2）は、い形容詞の、例2と3）は、な形容詞の、4）
　　　　　　は名詞の接続の練習である。
　　　　B7　例1と1）2）は「どんな〈名詞〉ですか」に対する応答練習。
　　　　　　答えは「～くて／で、〈形容詞＋名詞〉です」になる。
　　　　　　例2と3）4）は「どうですか／どうでしたか」に対する応答
　　　　　　練習。答えは「～くて／で、〈形容詞〉です」になる。例2
　　　　　　と4）は過去時制である。
　　　　QA　学習者の実際の状況について質問応答。
　　　　　　例：Sさんの町はどんな町ですか。お父さんはどんな人ですか。
　　　　　　　　日本の生活はどうですか。（祇園）祭はどうでしたか。

展開　どの～　例文4　どれ　例文5

何か、誰かを特定しなければならない場面を設定する。
「この～、その～、あの～」、「これ、それ、あれ」を思い出させ、その流れで「どの～」、「どれ」がある状況を作る。

導入例1　「パーティー（A20）」の絵教材を見せ、教師が一人二役をする。
　　　　　T：パーティーです。たくさん人がいます。Aさんは木村さんに会
　　　　　　いたいですが、木村さんを知りません。近くにいる人に聞きま
　　　　　　す。
　　　　　……
　　　　　A：すみません。木村さんはどの人ですか。
　　　　　B：あの人です。
　　　　　A：え？
　　　　　B：あの髪が短くて、きれいな人です。
　　　　　A：あ、わかりました。どうも。

> きむらさんは　どの　ひとですか。
> …あの　かみが　みじかくて、きれいな　ひとです。

導入例2　教師が一人二役をする。
　　　　T：パーティーに行きました。大きいかばんを受付にお願いしました。パーティーが終わりました。受付にたくさんかばんがあります。
　　　　……
　　　　A：すみません。あのかばんをお願いします。
　　　　受付の人：これですか。
　　　　A：いいえ、それじゃありません。あれです。
　　　　受付の人：どれですか。
　　　　A：あの赤くて、大きいかばんです。

> [Aさんの　かばんは]　どれですか。
> …あの　あかくて、おおきい　かばんです。

練習　B8　例1と1)2)は「どの人ですか」に対する応答練習。答えは「あの＋～くて／で、形容詞＋人です」と答える。
　　　　　例2と3)4)は「どれですか」に対する応答練習。答えは「あの＋～くて、形容詞＋かばんです」、または「かばん」の代わりに「の」を使って、答えてもよい。
　　　　　例：あの赤くて大きいのです。
　　　C3　自己紹介で出身地を述べたら、どんな所か尋ねられ、詳しく描写し、説明する。
　　　発展　学習者の実際の出身地について質問応答する。

(留意点) 1)「～くて／で」は、異なる主題を持つ文をつなぐこともできる（例：カリナさんは学生で、マリアさんは主婦です）。時間の余裕があれば、扱ってもよい。
　　　　2)「～くて／で」でつなぐものは、プラスとプラスの評価（例：おいしくて、安いです）、またはマイナスとマイナスの評価（例：高くて、おいしくないです）になるようにする。プラスとマイナスの評価をつなげる場合は「おいしいですが、高いです」のように逆接の「が」（第8課）を用いる。

Ⅲ. 会話　使い方を教えてください

場面　銀行のATMでお金を引き出す
目標　物の使い方について簡単な手順が理解できる
表現　・まず／次に　　　物事の手順を説明する場合に使われる。
練習　内容確認の質問例
　　　・マリアさんは今どこにいますか。
　　　・何をしますか。
　　　・キャッシュカードを入れてから、何をしましたか。次に何をしましたか。それから、何をしましたか。
　　　身につけたい会話表現
　　　・ちょっと使い方を教えてください。
　　　・まず、次に、それから
発展　自動販売機や券売機の使い方を実際の場面や絵を利用して練習する。

Ⅳ. その他

問題　・7　同じパターンで故郷の町について作文を書き、発表させるとよい。

第17課

学習目標

できるようになること
・規則や禁止事項が理解できる。
・しなければならないこと、する必要のないことが確認できる。

学習すること

学習項目	文型	例文	練習A	練習B	練習C
1．〈ない形〉ないでください	1	1・2	1・2	1・2	1
2．〈ない形〉なければなりません	2	3	3	3・4	2
3．〈ない形〉なくてもいいです	3	4	4	5・6・7	
4．〜は（目的語の取り立て）		5	5	8	3

Ｉ．新出語彙　導入の留意点

・出かけます　　　うちを出て、どこかへ行くこと。普通、目的地「〜へ」は使わない。目的地を言う場合は「〜へ行く」を使う。

・病気　　　　　　気分が悪いとかおなかの調子が悪い、風邪気味だなどの軽い症状の場合、日本語では普通「病気です」とは言わない。長期的な治療や手術、入院などが必要な場合に「病気です」と言う。

・大丈夫［な］　　「問題がない」という意味。主に会話表現として「大丈夫です」の形で使う。

Ⅱ. 学習項目の導入と練習

1. 写真を撮らないでください。　〈Ｖない形〉ないでください

相手にある行為をしないように頼んだり、指示したりする場合に使われる。規則で禁止されていることなど、相手がそれを受け入れるのが当然であるような状況で使われる場合と、相手への気遣いや配慮を表す場合とがある。

導入　〜ないでください　文型1　例文1　例文2

　　まず、禁止事項の指示を導入する。美術館、図書館、駅など公共の場で注意を受ける場面などを扱うとよい。

　　導入例1　T：きのう京都の古いお寺へ行きました。とてもきれいな庭を見て、写真を撮りました。それから、お寺の中に入りました。わたしはお寺の中の写真を撮りたかったです。カメラを出しました。
　　　　　　お寺の人：（撮影禁止のマークを見せて）写真を撮らないでください。

> しゃしんを　とらないで　ください。

　　次に、相手への気遣いや配慮を表す使い方。心配しなくても大丈夫だというような場面を設定する。

　　導入例2　T：友達がわたしのうちへ遊びに来ました。夜10時です。うちへ帰ります。わたしは心配します。「夜遅いです。危ないですよ。駅までいっしょに行きましょう。」
　　　　　　友達：駅は近いです。心配しないでください。

> しんぱいしないで　ください。

　　「ない」の前の形を「ない形」ということを説明する。

練習　A1　ない形の導入
　　　　　①難易度を考えて、Ⅱ→Ⅲ→Ⅰグループの順に導入する。Ⅰグループの音変化、特に「い」→「わ」、「し」→「さ」などの発音に注意する。また、Ⅲグループの「します」は「しない」だが、Ⅰグループの音変化に影響されて「さない」としてしまう場合もあるので、注意する。
　　　　　②全体の形を紹介したあと、A1の「ない形」もしくはCD-ROMに収録の「ない形の作り方」で確認させ、各自で整理する時間を与える。
　　　　　③動詞文字カード、動詞絵教材でグループごとに練習していく。
　　　　A2　「〜ないでください」の意味と形を確認したのち、動詞を入

　　　　れ替えて練習する。
　　　　例：「たばこを吸います」→「たばこを吸わないでください」
　　　　さらに、口頭あるいは絵教材で語句を与え、「～ないでください」を作らせる。
　　B1　イラストを見ながら、「〈場所〉に／で」を使い分けて文を作る練習。
　　文作り　例文1 を参考に場所（図書館や公園など）を指定し、係員に注意事項を言わせる。
　　　　例：図書館→話さないでください。
　　B2　理由を言って、指示や配慮の文を完成する練習。
　　C1　医者と患者の会話。診察が終わって、医者の指示を聞く。
　　発展　医者の指示を聞いたあと、患者からしてもよいかどうか追加事項を聞いて会話を膨らませる。
　　　　例　医者：おふろに入らないでくださいね。
　　　　　　患者：あのう、シャワーを浴びてもいいですか。
　　　　　　医者：はい、いいですよ。／いいえ、2、3日浴びないでください。
　　　　　　患者：わかりました。

留意点 「～ないでください」には導入で示したように、禁止事項の指示（練習A2の上2文）、気遣い・配慮（練習A2の下2文）の二つの機能がある。ただし、気遣い・配慮の例は「無理をしないでください」「気を遣わないでください」など、未習の語句を使う表現が多く、この段階で練習できるものが少ない。ここでは、異なる使い方があることを理解し、配慮の表現として「心配しないでください」が使えればよい。

2. パスポートを見せなければなりません。　〈Vない形〉なければなりません

話し手の意向にかかわらず、義務や必要性があることを述べる場合に使われる。「～ないといけません」という表現もあるが、ここでは特に扱わない。

導入　～なければなりません　文型2　例文3

一般的に行われている習慣や決まりごとなどを例に挙げるとよい。

　導入例1　T：図書館で本を借りました。この本です。これはわたしの本じゃありません。図書館に返さなければなりません。

　導入例2　T：外国へ行きます。飛行機を降りて、空港を出ます。パスポートを見せなければなりません。

　　　　　　パスポートを　みせなければ　なりません。

「～なければなりません」をうまく言えない学習者もいるので、そ

の場合は「ない形、～なければ、なりません」と区切って練習させる。

練習　A3　文をリピートし、形を確認する練習。
　　　　　さらに、ことばを与えて「～なければなりません」の文を作る練習をする。
　　　B3　与えられた文を「～なければなりません」に変換する練習。4)は下の 展開 「～までに」の導入後に行う。
　　　QA　疑問詞を使った質問をし、それに答えさせる。
　　　　　例：毎日何時間勉強しなければなりませんか。
　　　　　　　Sさんの国で何歳から学校へ行かなければなりませんか。

展開　～までに　例文5

「〈時間を表す名詞〉までに」を導入する。期限や門限などが決まっていることを例に挙げるとよい。

導入例1　導入で使った本を見せ、
　　　　T：図書館でこの本を借りました。○月○日までに返さなければなりません。

導入例2　T：Sさんは寮に住んでいますね。夜、11時半に寮へ帰ってもいいですか。
　　　　S：はい、いいです。
　　　　T：11時50分に帰ってもいいですか。
　　　　S：はい、いいです。
　　　　T：12時5分に帰ってもいいですか。
　　　　S：いいえ、いけません。12時に帰らなければなりません。
　　　　T：12時までに帰らなければなりません。

時間軸の上に時間を書きながら導入するとわかりやすい。

```
12じまでに　かえらなければ　なりません。
```

練習　文作り　期限と動作を与えて文を作らせる。
　　　　　例：土曜日・本を返します
　　　　　　　→土曜日までに本を返さなければなりません。
　　　QA　「いつまでに」「何時までに」などを使って質問し、答えさせる。
　　　　　例：何時までに学校へ来なければなりませんか。
　　　　　　　いつまでにレポートを出さなければなりませんか。
　　　B4　「〈疑問詞〉～なければなりませんか」の質問応答練習。
　　　C2　しなければならないことを理由に、誘いを断る。

留意点　1)「～までに」と「～まで」の違いについて質問が出たら、「○時まで勉強します」「○時までに帰ります」などの例文を挙げ、ある時点まで動作や状態が継続する場合とある時間内に動作が完了する場合とで使い分け

ることを理解させる。
2）「～なければ」「なりません」はどういう意味か、「～なければなります」はあるのかなどという質問が出ることがある。「～なければなりません」全体で義務や必要な事柄を表す表現であることを説明する。

3. 日曜日は早く起きなくてもいいです。　〈Vない形〉なくてもいいです

この表現は「～なければなりません」の反対の意味で、する必要のないことを表す。

導　入　～なくてもいいです　文型3　例文4

「～なければなりませんか」の質問に答える形で導入するとわかりやすい。

導入例　T：わたしは毎日仕事に行きます。朝6時に起きなければなりません。でも、日曜日は仕事がありません。早く起きなければなりませんか。いいえ、早く起きなくてもいいです。

> にちようびは　はやく　おきなくても　いいです。

練習　A4　文の形を確認する練習。
　　　B5　動詞の部分の変換練習。
　　　B6　理由と後文のつながりを考え、正しい形の文を作る練習。
　　　B7　「はい、～なければなりません」「いいえ、～なくてもいいです」を判断して応答する練習。
　　　QA　それぞれの国の習慣などについて質問応答する。
　　　　　例：Sさんの国のお寺に入ります。靴を脱がなければなりませんか。
　　　　　　　友達のうちへ行きます。お土産を持って行かなければなりませんか。

留意点　「～なければなりませんか」の質問をするときに、よく吟味しないと、「いいえ」の場合に「～なくてもいいです」ではなく、「～てはいけません」と答えたほうがよいケースも出てくるので、注意する。
　　　例　T：日本のうちでごはんを食べます。茶碗を持たなければなりません。Sさんの国で、茶碗を持たなければなりませんか。
　　　　　S：×いいえ、茶碗を持たなくてもいいです。
　　　　　　　○いいえ、持ってはいけません。

4. レポートはあした書きます。　～は（取り立て）

これまで直接目的語は「を」で示されていたが、ここでは「を」の代わりに「は」を使って文の主題として取り立てる用法を学ぶ。

| 導 入 | ~は　例文5 |

ほかのものと対比しながら、ある物を話題として取り上げる状況を示すとわかりやすい。

導入例　教師が一人二役をする。
　　　　A：きょうは宿題がたくさんあります。CDを聞かなければなりません。17課の問題をしなければなりません。レポートを書かなければなりません。夜、友達に会いました。友達はわたしに聞きました。
　　　　B：もう宿題をしましたか。
　　　　A：はい、問題をしました。
　　　　B：レポートは？　レポートはもう書きましたか。
　　　　A：いいえ、レポートはあした書きます。レポートはあした出さなくてもいいですから。

> レポートは　あした　かきます。

練習　A5　「~は」で主題として取り立てた文の練習。
　　　B8　質問文の下線部「~を」を取り立てて答える練習。
　　　QA　取り立ての「は」は特に否定文の場合などによく使われるので、さらにいろいろな応答練習をさせるとよい。
　　　　　例　A：ビールを飲みますか。
　　　　　　　B：はい、飲みます。
　　　　　　　A：ワインは？
　　　　　　　B：いいえ、ワインはあまり飲みません。高いですから。
　　　C3　看護師と患者の会話。患者がすることとしなくてもよいことを告げる。
　　　発展　職場（社員と上司）やホームパーティー（ホストと客）などの場面に変更。
　　　　　例　A：これをコピーしてください。
　　　　　　　B：はい。こちらの資料もコピーしましょうか。
　　　　　　　A：いいえ、その資料はコピーしなくてもいいです。
　　　　　　　B：はい、わかりました。

留意点　助詞「を」の代わりに「は」を用いても間違いとは言えない場合が多く、「は」を多用する既習の学習者が見られるが、「を」がいつでも「は」になるわけではない。練習A5の例文などを使って、導入のように、どのような前提があって、「~を」ではなく「~は」になっているのか、考えさせるとよい。

Ⅲ．会話　どうしましたか

場面　病院や医院で医者の診察を受ける。
目標　病状を簡単に説明できる。医者の指示が理解できる。
表現　・どうしましたか。　　どんな問題があるか、客観的に尋ねる場合に使われる。
　　　　　　　　　　　　　　ここでは、医者が患者に対して病状を尋ねる表現。

　　　・それから　　　　　　第6課では「そのあと」という意味を学習したが、
　　　　　　　　　　　　　　ここでは前文に情報を付け加える用法を学ぶ。

　　　・お大事に。　　　　　病気やけがをした人に対するいたわりの表現。受け
　　　　　　　　　　　　　　答えの表現は「ありがとうございます」。

練習　内容確認の質問例
　　　・松本さんはどうして病院へ行きましたか。
　　　・あしたうちで休みますか。
　　　・きょう何をしますか。
　　　身につけたい会話表現
　　　・どうしましたか。　　・お大事に。
発展　『翻訳・文法解説』p.109「体・病気」の表現を使い、症状を変えて
　　　会話を作らせる。練習Cの病院の受付や看護師の発話も取り入れ、病
　　　院へ来てから帰るまでの一連の会話を医者、看護師、患者役で作って
　　　みてもよい。

(留意点)「お大事に」と言われたときの返答は、一般的には「ありがとうございます」
だが、この会話では「どうもありがとうございました」になっている。これ
は医者の「じゃ、お大事に」に対してではなく、医者の診察行為全体に対し
てお礼を言っているためである。

Ⅳ．その他

文型　・ 文型2 で紹介されている「～ないといけません」は練習では特に
　　　　取り上げないが、くだけた会話ではよく使われる。

問題　・6　日本語の試験の受験者に対する注意書きである。「あなた」と
　　　　言われているのは、受験者のことであり、この読解問題を読んでい
　　　　る学習者のことでもある。

第18課

学習目標

できるようになること
- できること、できないこと、趣味について簡単に話せる。
- 行為や出来事の時間的な前後関係が言える。

学習すること

学習項目	文型	例文	練習A	練習B	練習C
1．〈名詞〉／〈辞書形〉ことができます（能力）	1	1・2	1・2	1・2・3	
2．〈名詞〉／〈辞書形〉ことができます（状況可能）		3・4	3	4・5	1
3．趣味は〈名詞〉／〈辞書形〉ことです	2	5	4	6	2
4．〈辞書形〉／〈名詞〉の／〈期間〉まえに、～	3	6・7・8	5	7・8	3

Ⅰ．新出語彙　導入の留意点

- 弾きます　　　　ギター、バイオリン、ピアノなどに使う。

- 運転します　　　車やバス、電車に使い、船や飛行機には使わない。
「します」をとった「運転」は名詞である。動詞の場合は「車を運転します」で、助詞は「を」であるが、名詞の場合は「車の運転」となり、助詞が「の」であることに注意する。

- 現金　　　　　　「現金で払います」。助詞「で」は第7課「（道具）で」と同じ用法である。

Ⅱ．学習項目の導入と練習

1．ミラーさんは漢字を読むことができます。　N／〈V辞書形〉ことができます

「できます」は能力を表す。できることの内容は助詞「が」の前の名詞あるいは名詞相当句（〈動詞辞書形〉こと）によって表される。

　導入1　〜ができます　例文1

　　逆立ちの絵を見せると、「できます」「できません」という意味がわかりやすい。

　　導入例　「できます（V99）」の絵教材を見せて、質問する。
　　　　　　T：できますか。（左の絵を指して）はい、できます。
　　　　　　　　（右の絵を指して）いいえ、できません。
　　　　　「スキー（N70右）」の絵教材を見せて、
　　　　　　T：わたしはスキーができます。Ｓさんはスキーができますか。
　　　　　　S：いいえ、できません。
　　　　　「運転します（V106）」の絵教材を見せて、
　　　　　　T：運転ができますか。
　　　　　　S：はい、できます。

> 　　Ｓさんは　うんてんが　できますか。
> 　　　　…はい、　できます。
> 　　　　…いいえ、できません。

　　練習　A2　上段2文「〈名詞〉ができます」の名詞を入れ替える練習。
　　　　　B1　「〈名詞〉ができます」の文を使って、ミラーさんができることについて述べる。

　導入2　〜ことができます　文型1　例文2

　　何ができるかについて、学習者の発言から、「漢字を読みます」「泳ぎます」など動詞で表さなければならないことを拾って、導入に用いるとよい。

　　導入例　「〈名詞〉ができます」の導入後、学習者に自分ができることを言わせると、動詞を使いたくなる文が出てくる。
　　　　　　S：わたしは泳ぎます……ができます。
　　　　　　T：泳ぐことができます。Ｓさんは泳ぐことができます。
　　　　　　S：わたしは泳ぐことができます。

> 　　［わたしは］　およぐ　ことが　できます。

　　練習　A1　辞書形の導入
　　　　　　　①難易度を考えて、Ⅱ→Ⅲ→Ⅰグループの順に導入する。Ⅰグ

ループの音変化、特に「し」→「す」、「ち」→「つ」などの発音に注意する。
②全体の形を紹介したあと、A1の「辞書形」もしくはCD-ROMに収録の「辞書形の作り方」で確認させ、各自で整理する時間を与える。
③動詞文字カード、動詞絵教材でグループごとに練習していく。

A2　下段2文　動詞辞書形を入れ替えて、「～ことができます」の練習を行う。

B2　イラストを見て、「〈辞書形〉ことができますか」という質問を作り、顔のイラストに応じて、😊「はい」か☹「いいえ」を選んで、答える。

B3　いろいろな疑問詞を使って、できることについて詳しく質問する。

QA　B2、B3を参考に、実際に即して質問応答する。

(留意点)　余裕があれば、Ⅰグループはます形が「い段」、ない形が「あ段」、辞書形が「う段」で終わっていることを50音図で確認するとよい。

2. ここで切符を買うことができます。　N／〈V辞書形〉ことができます

「できます」は能力のほかに、ある状況において可能なことを表す。

導入　～（こと）ができます　例文3　例文4

コンビニなど、いろいろなことができる所や、カード、ケータイ、パソコンなど、いろいろなことに使える物を取り上げるとよい。

導入例　教師が一人二役をする。
　　　　A：けさコンビニへ行きました。お金を下ろしに行きました。
　　　　B：え？　コンビニでお金を下ろすことができますか。
　　　　A：ええ。コンビニは便利です。コンビニでコピーができます。
　　　　　　荷物を送ることができます。

```
コンビニで　コピーが　できます。
コンビニで　おかねを　おろす　ことが　できます。
```

練習　A3　ある場所でできることを言う練習。上段の2文は「〈名詞〉ができます」、下段の2文は「〈動詞辞書形〉ことができます」の文である。場所とできることを入れ替えて練習する。

B4　「〈名詞〉ができますか」「〈動詞辞書形〉ことができますか」という質問を作り、指示に応じて「はい」か「いいえ」で答える。

B5　「〈疑問詞〉～ことができますか」の文を作り、それに答える

　　　　　　　　　練習。助詞の有無、必要な場合は、どの助詞を使うかなどに
　　　　　　　　　注意する。
　　　　QA　　B4、B5、例文3、例文4 を参考に、学習者が実際の状況に
　　　　　　　　　即して質問を考える。
　　　　　　　　　例：教室でインターネットができますか。
　　　　C1　　レストランで、ある行為（例：たばこを吸う）ができるかど
　　　　　　　　　うか尋ねる。

留意点 「可能」の「～ことができますか」と「～てもいいですか」（第15課）の違いを聞かれることがある。「～ことができますか」は一般的な決まりごとについての可否を尋ねているのに対し、「～てもいいですか」は自分がしたいことについて相手の許可をもらう表現である。例えばレストランで相席を頼む場合など、レストランのいすは誰でも座ることができるので、「ここに座ることができますか」とは尋ねない。しかし、相席になる相手の許可をもらうために、「ここに座ってもいいですか」と尋ねる。

3. 趣味は映画を見ることです。　　趣味はN／〈V辞書形〉ことです

動詞を用いて趣味を表す場合は「〈動詞辞書形〉こと」で名詞相当句に変える。名詞で述べる場合より趣味の内容が具体的に表される。

導入　趣味は～（こと）です　　文型2　例文5

学習者に趣味を言ってもらう。動詞で言いたいことが出て来たら、それを捉えて、「趣味は〈動詞辞書形〉ことです」を教える。

　　　導入例　　T：趣味は何ですか。
　　　　　　　　S1：趣味は旅行です。
　　　　　　　　S2：趣味は……映画を見ます……
　　　　　　　　T：趣味は映画を見ることです。

　　　　　　　しゅみは　りょこうです。
　　　　　　　しゅみは　えいがを　みる　ことです。

　　　練習　　A4　「わたしの趣味は～です。」という形で趣味を言う。上段の2
　　　　　　　　　文は名詞、下段の2文は名詞相当句の例である。
　　　　　　　B6　趣味は何か質問し、イラストを見て答える。
　　　　　　　QA　学習者どうしでお互いの趣味を尋ね合う。
　　　　　　　C2　趣味について話す。このやりとりのあと、「わたしの趣味も～
　　　　　　　　　です。いっしょに～ませんか」と誘うやりとりを付け加えて
　　　　　　　　　も楽しい。

4. 日本へ来るまえに、日本語を勉強しました。

〈V辞書形〉／Nの／〈期間〉まえに、〜

「〜まえに」は動詞の辞書形、「の」を伴った名詞、期間を表す数量詞に後接する。時制は文末によって過去、非過去が決まる。

導 入　〜るまえに、〜　文型3　例文6
　　　　〜のまえに、〜　例文7

時間を表す線（時間軸）をかいて質問しながら導入するとよい。イラストを時間軸の上に並べてみるとわかりやすい。

導入例1　T：来週北海道へ行きます。（時間軸上に「北海道へ旅行に行く」時点を文字またはイラストで示し、それより時間的に前の部分を指して）かばんを買います。（「かばんをかいます」と書くか、イラストで示す。）
　　　　旅行に行くまえに、かばんを買います。

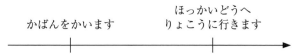

導入例2　T：旅行に行くまえにかばんを買います。旅行のまえにかばんを買います。同じです。板書を書き足す。

> りょこうに　いく　まえに、かばんを　かいます。
> りょこうの　　　　まえに、かばんを　かいます。

学習者に旅行に行くまえにすることを尋ねる。

導入例3　時間軸の図の上の方に「きのう」と書く。時間軸上に「寝る」時点を絵教材（V2）で示し、線上の時間的に前の部分を指して、
　　　　T：きのう寝るまえに、何をしましたか。
　　　　S：本を読みました。（「本を読みました」と書く。）
　　　　T：Sさんはきのう寝るまえに、本を読みました。

> きのう　ねる　まえに、ほんを　よみました。

文末が過去でも、「寝る」は辞書形になることに注意させる。

練習　　A5　上段2文　「〈動詞辞書形〉まえに」の練習。

中段2文 「〈名詞〉のまえに」の練習。
- B7 イラストを見て、「〈動詞辞書形〉まえに、～」という文を作る練習。
- QA B7を参考に、T⇒S、S⇔Sで質問応答する。練習のために完全な文でも言うようにする。
  例：寝るまえに、何をしますか。
  　　→おふろに入ります。
  　　　寝るまえに、おふろに入ります。
  　　日本へ来るまえに、日本語を勉強しましたか。
  　　→はい、勉強しました。
  　　　日本へ来るまえに、日本語を勉強しました。

展開 〈期間〉まえに、～　例文8

学習者自身の経験を用い、時間軸をかいて導入する。期間の場合は、助詞「の」がないことに注意を喚起する。

導入例　時間軸をかき、「時点」を↓で示す。
　　　　T：いつ日本へ来ましたか。
　　　　S：4月に来ました。
　　　　T：今9月ですね。

　　　　にほんへ　きました　　　　いま
　　　　　　　4がつ　　　　　　　9がつ
　　　　　　　　↓　　　　　　　　　↓
　　　―――――――――――――――――――→
　　　　　　　　　　　5かげつ

　　　　T：Sさんは5か月まえに、日本へ来ました。

> 5かげつまえに、にほんへ　きました。

学習者どうしでいつ日本へ来たか質問し合う。答えに「〈期間〉まえに」を使うように言う。

- 練習　A5　下段1文 「〈期間〉まえに」を練習する。
- B8 「いつ」で質問し、「～まえに」を用いて答える。「〈動詞辞書形〉まえに」「〈名詞〉のまえに」「〈期間〉まえに」の3種類の答え方を練習する。
- C3 会社での仕事の段取りについて尋ねる。
- 発展 会社以外の場面で会話を行う。
  例：料理教室で
  　　A：しょうゆ（未出語）を入れましょうか。
  　　B：あ、しょうゆを入れるまえに、砂糖を入れてください。

Ⅲ．会話　趣味は何ですか

場面　隣人と趣味について話す。
目標　趣味や好きなことを話題に簡単な会話ができる。
表現　・それはおもしろいですね。　「それ」は相手が直前に言ったことを指す。

　　　・なかなか　　　　　　　　動詞の否定形とともに用い、実現が困難だ
　　　　　　　　　　　　　　　　という気持ちを表す。

　　　・ぜひ　　　　　　　　　　希望、懇願を表す「～たいです」「～てく
　　　　　　　　　　　　　　　　ださい」といっしょに使う。

練習　内容確認の質問例
　　　・サントスさんの趣味は何ですか。
　　　・サントスさんは日本で馬の写真を撮りましたか。
　　　・日本のどこで馬を見ることができますか。
　　　身につけたい会話表現
　　　・趣味は何ですか。
　　　・特に～
　　　・それはおもしろいですね。
　　　・ほんとうですか。
発展　趣味を楽しむにあたって、どんな問題があるか話し、それに対してアドバイスする。

(留意点)「日本ではなかなか馬を見ることができません。」は「日本で」を「は」で取り立てて、日本の場合について述べる言い方である。『翻訳・文法解説』p. 117-5参照。

Ⅳ．その他

問題　・5　「〈て形〉から」と「〈辞書形〉まえに」を使い分ける練習。
　　　・7　テレーザちゃんが図書館員に質問しているという設定である。

第19課

学習目標

できるようになること
- 経験の有無が言える。
- 物事の状況の変化が言える。

学習すること

学習項目	文型	例文	練習A	練習B	練習C
1.〈た形〉ことがあります	1	1・2	1・2	1・2	1
2.〈た形〉り、〈た形〉りします	2	3・4	3	3・4	2
3.〈い形容詞(〜い)〉くなります 〈な形容詞〉/〈名詞〉になります	3	5・6・7	4	5	3

Ⅰ．新出語彙　導入の留意点

- のぼります　　　「山に登ります／東京スカイツリーに上ります」の「に」は着点を表す。
- 泊まります　　　「ホテルで泊まります」ではなく、「ホテルに泊まります」。
- 掃除します　　　「部屋で掃除します」ではなく、「部屋を掃除します」。
- 日　　　　　　　『翻訳・文法解説』p.37「祝祭日」を開き、「〜の日」を読むとよい。
- だんだん　　　　「なります」とともに使われ、ゆっくり変化することを表す。

Ⅱ. 学習項目の導入と練習

1. 相撲を見たことがあります。　〈Vた形〉ことがあります

「Vたこと」で名詞句を作り、「Vたことがあります」で過去の経験を表す。「一度」「一度も」を伴って、経験の有無をより強く表す。

導入　～たことがあります　文型1

人に語りたくなるような経験を取り上げるとわかりやすい。

導入例1　パスポートを準備し、それをぱらぱらとめくって、1990年と1998年にアメリカへの入国の記録があることを読みあげる。
T：2回あります。行ったことがあります。2回アメリカへ行ったことがあります。（と経験（記録）を所有しているジェスチャーをする。）

導入例2　「相撲（N82左）」の絵教材を見せて、
T：わたしは去年初めて相撲を見ました。
チケットを買って見に行きました。『相撲』の人はとても大きかったです。わたしは相撲を見たことがあります。

> すもうを　みた　ことが　あります。

学習者が経験していること、あるいは、経験していないと思われることを質問して、「はい」「いいえ」の反応で確かめる。「経験」の各国語訳を見せてもよい。

練習　A1　た形の導入
①難易度を考えて、Ⅱ→Ⅲ→Ⅰグループの順に導入する。「て形」の「て（で）」が「た（だ）」に変わるだけであることを説明する。
②全体の形を紹介したあと、A1の「た形」もしくはCD-ROMに収録の「た形の作り方」で確認させ、各自で整理する時間を与える。
③動詞文字カード、動詞絵教材でグループごとに練習していく。
A2　動詞を入れ替えて「～たことがあります」の文を作る練習。
B1　イラストを見て、「～たことがあります」を使って経験があることを言う練習。

展開1　～たことがありますか
　…はい、あります　例文1／いいえ、ありません　例文2

「導入」の板書の「あります」に「か」を書き加えて、所有文・存在文の応答文と同じであることを示す。

> すもうを　みた　ことが　ありますか。
> …はい、　あります。
> …いいえ、ありません。

練習　QA1　教師が動詞（絵教材）とその対象となる名詞を与え、S1が質問文を作り、S2が答える。S2は同じ質問を教師に返す。
例　T：馬の肉・絵教材「食べます（V10）」
→S1：馬の肉を食べたことがありますか。
→S2：いいえ、ありません。
　　　先生は食べたことがありますか。
QA2　学習者の実際の経験について質問する。日本の食べ物、代表的な観光地、話題のことについて質問を広げるのもよい。

展開2　一度　例文1

回数を言う。「いつしたか」という過去を表す文を加えることにより、経験と過去との違いを理解させるとよい。

> すもうを　みた　ことが　ありますか。
> …はい、いちど　あります。2ねんまえに　みました。

練習　文作り　例文1を参考に、文を与え、質問文に変えさせたあと、回数と「いつ」を与え、答えの文を作らせる。
例　T：沖縄へ行きます
→S1：沖縄へ行ったことがありますか。
T：一度・去年・家族
→S2：はい、一度あります。去年家族と行きました。

展開3　一度も　例文2

「一度もありません」は経験が皆無であることを強く表す。あとに「ぜひ～たいです」を付け加え、強い願望を表す。

> すもうを　みた　ことが　ありますか。
> …いいえ、いちども　ありません。ぜひ　みたいです。

練習　B2　与えられた文を質問文に変え、それに答える練習。
全体を練習したあと、「はい」の答えには、いつ経験したかを、「いいえ」の場合は、「ぜひ～たいです」を付け加えさせるとよい。1)～3)の質問に「いいえ、一度も」を使って答えさせてもよい。

	C1	知人に経験の有無を聞き、感想を求める。
	発展	学習者が実際にやってみたいと思っていることを経験した人を探しあて、その感想を聞く。感想だけでなく具体的な情報（いつ、どこで、だれとetc.）も聞くことを促す。「いいえ」の場合はいっしょにしようと誘う。『翻訳・文法解説』p. 121「伝統文化・娯楽」の語彙を活用するとよい。

留意点　「過去」の表現と混同しないように、日常的な行為を導入例や例文として使用しないよう注意する。経験が「ある」（所有している）ことを強調する。

2. 休みの日はテニスをしたり、散歩に行ったりします。

〈Vた形〉り、〈Vた形〉りします

この文は、いろいろな動作の中から代表的なものを例として挙げる表現である。

導入　〜たり、〜たりします　文型2　例文3　例文4

何かの「機会」にすることを聞いてみる。1日にすることを聞くと朝からの行動を順番に述べてしまう場合があるので、順序を問題としない事柄から入ったほうがわかりやすい。

導入例1　T：誕生日のパーティーでは何をしますか。歌を歌います、ケーキを食べます、お酒を飲みます、ダンスします、プレゼントをあげます、いろいろします。
（と言いながら、これらの絵教材を黒板に並べる。その中から2、3ピックアップして、ほかの絵の前に重ねるようにして置き、それらが、全体の代表であることを暗示する。）
誕生日のパーティーで歌ったり、食べたりします。

導入例2　導入例1と同様に、休みの日に何をするか尋ね、学習者の答えの絵教材を並べる。その中から2〜3ピックアップし、全体の代表であることを示す。

> やすみの　ひは　なにを　しますか。
> …テニスを　したり、さんぽに　いったり　します。

練習	A3	毎晩することを「〜たり、〜たりします」を使って述べる練習。
	B3	与えられた「とき」にする／したことの代表的な動作を述べる練習。3) 4) は過去なので、「〜たり、〜たりしました」になる。
	B4	あるときに何をするか／したかという質問に答える。文末が「しました」「したいです」「しなければなりません」に変化することに注意。
	QA1	B4の質問に対して実際の状況に合わせて答える。

　　　　　QA2　学習者の国ではある行事で何をするか、ある場所で何をするか、あるいは、日本で何をしたいか聞くのもよい。
　　　　　　　例：お国では結婚のパーティーで、何をしますか。
　　　　　C2　夏休みにしたいことについてのやりとりである。
　　　　　発展　ゴールデンウィーク／冬休み／お正月／春休みについて同じようなやりとりをする。

(留意点) 1)「Vて、Vて」との違いに注意。「Vて、Vて」は起こったことを時間順に述べるのに対し、「Vたり、Vたり」はすることの代表例を挙げるものである。
　　　　2) 第4課で「N₁とN₂」、第10課で「N₁やN₂（など）」の使い方を学習した。「N₁とN₂」の場合は、そこにあるNすべてを述べるが、「N₁やN₂（など）」の場合は、N₁、N₂のほかにN₃、N₄、……があることを暗に示している。「Vて、Vて」が「N₁とN₂」に、「Vたり、Vたり」が「N₁やN₂［など］」に相当するという説明も理解の一助となる。

3. これからだんだん暑くなります。　〈いA（〜い）〉くなります
　　　　　　　　　　　　　　　　　　　　〈なA〉／Nになります

物、人、自然などあらゆることの変化を表す。「なります」が、い形容詞に接続する場合は、「（〜い）く（なります）」に、な形容詞・名詞に接続する場合は、「〜に（なります）」となる。

(導　入)　〜く／〜になります　 文型3 例文5 例文6 例文7

　　　　はっきり目に見える変化を取り上げるとわかりやすい。

　　　　導入例1　春夏秋冬の絵教材（N65）を見せて、季節について話す。
　　　　　　　　T：きょうは2月21日です。もうすぐ3月になります。春になります。暖かくなります。（同様に夏、秋、冬について言う。）

　　　　導入例2　登場人物のテレーザちゃんの3歳と10歳の絵（写真風）を準備する。3歳のテレーザちゃんの絵をホワイトボードに貼って、
　　　　　　　　T：テレーザちゃんです。3歳です。きょうはテレーザちゃんの誕生日です。テレーザちゃんは10歳になりました。（と言いながら、隣に10歳のテレーザの絵を貼る。両方の絵を比べ）テレーザちゃんは背が高くなりました。そしてきれいになりました。

　　　　　┌─────────────────────────────┐
　　　　　│ テレーザちゃんは　せが　たかく　なりました。　　│
　　　　　│　　　　　　　　　　　　きれいに　なりました。　│
　　　　　│　　　　　　　　　　　　10さいに　なりました。　│
　　　　　└─────────────────────────────┘

　　　　練習　A4　テレーザちゃんの成長に伴う変化を「〜く／になりました」を使って述べる。ピアノが上手に／（弟が生まれて）お姉さ

         B5　例1、1）2）3）は、い形容詞に、例2、4）5）は、な形容詞に、6）は名詞に「なります」が接続する。
         C3　日本では会話のはじめに、季節の移ろいに関する挨拶をする習慣がある。季節の挨拶のあと、その季節にやりたいと思うことをおしゃべりする。
         発展　新しい季節に実際に自分がやってみたいと思うことを話す。

Ⅲ．会話　ダイエットはあしたからします

　　　場面　パーティー
　　　目標　パーティーの会話の中で、経験について話す。
　　　表現　・乾杯　　　　　　日本では文字どおりに杯を空にする必要はない。

　　　　　　・ダイエット　　　日本ではダイエットはスリムになるために食事制限をすることを意味することが多い。

　　　　　　・無理な　　　　　「極端な」「行き過ぎた」という意味で、「不可能な」の意味ではない。

　　　練習　内容確認の質問例
　　　　　・マリアさんはどうしてきょうはあまり食べませんか。
　　　　　・松本さんはダイエットしたことがありますか。どんなダイエットをしましたか。
　　　　　・無理なダイエットは体にいいですか。
　　　　　・マリアさんはアイスクリームを食べますか。
　　　　　身につけたい会話表現
　　　　　・乾杯。
　　　　　・無理なダイエットは体によくないです。
　　　　　・ダイエットはまたあしたからします。
　　　発展　パーティでの社交会話として、この「会話」のあとに、練習C1やC2などのような会話を付け加えて発展させるとよい。

Ⅳ．その他

　　　例文　・5　次のような「おかげさまで」の使い方を紹介するとよい。
　　　　　　　ご家族はお元気ですか。…おかげさまで、元気です。
　　　　　　　試験はどうでしたか。…おかげさまで、よかったです。

第20課

学習目標

できるようになること
・普通形が作れる。
・文の丁寧体、普通体の違いがわかる。
・親しい人と簡単な普通体の会話ができる。

学習すること

	学習項目	文型	例文	練習A	練習B	練習C
普通体	1．動詞文	1	1・2・3	1・2	1・5	1
	2．い形容詞文	2	4		2・6	
	3．な形容詞文 　名詞文	3 4			3・7	
	4．後続句を用いた文		5・6 7・8	2	4・8	2・3

I．新出語彙　導入の留意点

・要ります　　　　対象は「が」で示される。例：ビザが要ります。

・〜くん　　　　　男の子の名前（姓名の名）につけて、親しみを表す。会社組織などで同僚や部下の名前（姓名の姓）につけて使われることもある。

・ことば　　　　　単語と言語の両方の意味がある。
　　　　　　　　　例：ことばを覚えます。いろいろなことばを話すことができます。

・みんなで　　　　「全員でいっしょに」の意味　例：みんなで遊びに行きます。

Ⅱ. 学習項目の導入と練習

丁寧体と普通体

日本語の文には丁寧体と普通体という2つのスタイルがある。これまで「～です」「～ます」などの形で終わる文を学習してきたが、それを「丁寧体」と呼ぶ。一方、「読む」「書いた」など「普通形」で終わる文を「普通体」と呼ぶ。この課では普通体の文を学習する。

このテキストでは、第20課以外はすべて丁寧体で学習するが、第21課以降、文中に普通形を用いた文型が入ってくるので、フォームとしての普通形は重要である。

1. サントスさんはパーティーに来なかった。　動詞普通形、動詞文普通体

ここでは動詞の普通形を学ぶ。

辞書形、ない形、た形をそれぞれ第18課、第17課、第19課で学習したが、それらに「～なかった」の形を加えたものを普通形と呼ぶ。普通体の会話を学習するまえに、普通形を導入し、その後、文を普通体にする練習を行う。

導　入　動詞普通形、動詞文普通体　文型1

同じ内容の会話を丁寧体、普通体にしたものを聞かせ、違いに気付かせるとよい。普通形の練習の際に使う動詞の絵教材はグループ別にまとめておくとよい。

導入例　第6課練習C1を使って教師が一人二役で導入する。
①知り合いとの丁寧体の会話
Ａ：日曜日何をしましたか。
Ｂ：本を読みました。それから、ビデオを見ました。田中さんは？
Ａ：わたしは京都へ行きました。
Ｂ：京都ですか。いいですね。
②親しい友達との普通体の会話
Ａ：日曜日何をした？
Ｂ：本を読んだ。それから、ビデオを見た。田中さんは？
Ａ：わたしは京都へ行った。Ｂ：京都？　いいね。

①の「しました」「読みました」が②の会話では「した」「読んだ」になっていることに注目させる。さらに、「～ます」「～ません」「～ませんでした」がそれぞれ辞書形、ない形、「なかった」の形になることを簡単な会話例で紹介する。

例　Ａ：今晩パーティーがありますね。でも、サントスさんは来ませんよ。
Ｂ：そうですか。先週もサントスさんは来ませんでしたね。
→Ａ：今晩パーティーがあるね。でも、サントスさんは来ないよ。
Ｂ：そう？　先週もサントスさんは来なかったね。

```
サントスさんは　きます。　　→　サントスさんは　くる。
　　　　　　　　きません。　　→　　　　　　　　　こない。
　　　　　　　　きました。　　→　　　　　　　　　きた。
　　　　　　　　きませんでした。→　　　　　　　　こなかった。
```

左側の文を丁寧体、右側を普通体と言い、普通体は家族や友達との会話で使われること、新聞、本、日記など、書くときに使われることを説明する。また、普通体で使われている4つの形（辞書形、ない形、た形、「なかった」の形）を普通形ということを説明する。

練習　A1　動詞の部分を取り上げて、普通形を確認。「あります」に注意。
　　　口慣らし　動詞の文字カードや絵教材を使い、Ⅱ→Ⅲ→Ⅰグループの順で変換練習を行う。
　　　B1　文を普通体に変換する練習。

展開 動詞文の普通体会話　例文1 例文2 例文3

普通体の会話における質問と答えの形を導入する。

導入例　再度、導入 で使った普通体の会話を聞かせて、質問文は「か」がないこと、上昇イントネーションで示されることなどに気付かせてもよい。さらに、短いやりとりで「うん」「ううん」の答えを示す。

```
あした　とうきょうへ　いく？
　　…うん、　いく。
　　…ううん、いかない。
きのう　とうきょうへ　いった？
　　…うん、　いった。
　　…ううん、いかなかった。
```

練習　B5　答えを指示して、質問に答える練習。
　　　QA　最初に「何・どこ・いつ」などを使った疑問詞疑問文、次に、「はい／いいえ」で答える疑問文を使って質問したあと、両方取り混ぜて質問応答する。
　　　　　例：きのう何時まで勉強した？　けさ何を食べた？
　　　　　　　きのうテレビを見た？　きょうレストランへ行く？

留意点　1）普通形の変換練習は数も多く、単調になりがちなので、練習のやり方を工夫する。クラスで一斉にドリル→グループドリル→個別ドリルなど。
　　　　2）「ありません」「ありませんでした」が「あらない」「あらなかった」となる間違いをする学習者が多いので、フォーム練習やQAには必ず入れるようにする。

3）質問や答えのイントネーションを真似ることが難しく、学習者は恥ずかしがったり、苦笑したりすることもあるが、リラックスした雰囲気で楽しく練習させる。

4）この段階では 例文 や練習Cにあるような助詞の脱落や終助詞は扱わない。

2. 東京は人が多い。　い形容詞普通形、い形容詞文普通体

い形容詞は「です」のついていない形（～い）が普通形になる。

導入　い形容詞普通形、い形容詞文普通体　文型2

簡単なやりとりを示し、「です」をとった形が普通形であることを理解させる。

導入例　T：皆さんは先生に言います。「きのうは忙しかったです。」
　　　　　でも、友達には？「きのうは忙しかった。」

```
きょうは　いそがしいです。　　　→　きょうは　いそがしい。
　　　　　いそがしくないです。　→　　　　　　いそがしくない。
きのうは　いそがしかったです。　→　きのうは　いそがしかった。
　　　　　いそがしくなかったです。→　　　　　いそがしくなかった。
```

練習　A1　い形容詞の普通形の部分を確認。
　　　口慣らし　い形容詞の文字カードや絵教材、あるいは、口頭でことばを与え、普通形を作る。
　　　B2　文を普通体に変える練習。

展開　い形容詞文の普通体会話　例文4

い形容詞文を使った普通体のやりとりを導入する。

導入例　T：先生が質問します。「日本語は難しいですか。」
　　　　　皆さんは？「はい、難しいです。」「いいえ、あまり難しくないです。」
　　　　　友達や家族が質問します。「日本語は難しい？」
　　　　　皆さんは？「うん、難しい。」「ううん、あまり難しくない。」

```
にほんごは　むずかしい？
　…うん、　むずかしい。
　…ううん、むずかしくない。
```

練習　QA　普通体の質問に答える練習。友達どうしの会話だと仮定する。
　　　　　例：今Sさんの国は寒い？
　　　　　　　きのうの晩ごはんはおいしかった？
　　　B6　疑問詞疑問文も含め、質問を普通体に変え、答える練習。
　　　　　例の「どちら」が「どっち」となっていることに注意。

QA　疑問詞疑問文を含めて、質問応答をする。
　　例：今何がいちばん欲しい？　京都は人が多かった？

(留意点)　第13課「欲しいです」はい形容詞文になるので、忘れずに練習に取り入れる。

3. わたしはIMCの社員だ。　　な形容詞／名詞普通形、な形容詞文／名詞文普通体

な形容詞・名詞は「です」の活用部分が、「だ」「じゃない」「だった」「じゃなかった」となる。

導入　な形容詞／名詞普通形、な形容詞文／名詞文普通体　文型3　文型4

やりとりでは示さず、単純に「です」の部分が変化することを示す。

導入例　T：「きょうは暇です」の普通体は？「きょうは暇だ」。「暇じゃありません」は？「暇じゃない」。「きのうは暇でした」は「きのうは暇だった」。「きのうは暇じゃありませんでした」は「きのうは暇じゃなかった」になります。
「雨です」の場合も同様になることを示す。

```
きょうは　ひまです。　　　　　　→　きょうは　ひまだ。
　　　　　ひまじゃありません。　→　　　　　　ひまじゃない。
きのうは　ひまでした。　　　　　→　きのうは　ひまだった。
　　　　　ひまじゃありませんでした。→　　　　ひまじゃなかった。
```

練習　A1　な形容詞と名詞の普通形の部分を確認。
　　　　　さらに、な形容詞、名詞の文字カードや絵教材、あるいは、口頭でことばを与え、普通形に変換する。
　　　A2　上段4文　すべての品詞の普通体の文を確認する。
　　　B3　文を普通体に変える練習。さらに、口頭で追加の文を与え、変換練習。

展開　な形容詞文／名詞文の普通体会話

普通体のやりとりを導入する。質問文は「だ」が落ち、答える場合も「だ」をあまり使わないことを示す。「あした、暇？」「うん、暇」などの簡単なやりとりで「だ」が落ちることを確認する。

```
あした　ひま？
…うん、　ひま。
…ううん、ひまじゃない。
```

練習　B7　丁寧体の質問を普通体に変え、答える練習。
　　　　　3)「どちら」が「どっち」になることに注意。

| QA | な形容詞、名詞を使った普通体の質問応答練習ののち、い形容詞や動詞も含めた総合質問応答練習。
「何ですか」は「何（なに）？」になるので、確認も兼ねて、質問に取り入れる。 |
| --- | --- |
| C1 | 初めての経験について語り合う。
・「甘かったですが、おいしかったです」は普通体では「甘かったけど、おいしかった」となる。
・「どこで？」「田中さんのうちで。」はどちらも「食べた」が省略されている。わかっていることは言わないという日本語会話の自然なやりとりの形に少しずつ慣れさせる。
・［を］は言っても言わなくてもよい。 |

4. わたしは大阪に住んでいる。　後続句を用いた文の普通体

これまでさまざまな後続句を学習したが、それらの普通体はどのような形になるかを学習する。

導入　後続句を用いた文の普通体

後続句の文字カード（第1部参照）を準備し、普通体がどのような形になるか確認するとよい。
～ませんか、～たいです、～に行きます、
～てください、～ています、～てもいいです、～てはいけません、
～ないでください、～なければなりません、～なくてもいいです、
～ことができます、わたしの趣味は～ことです、
～たことがあります、～たり、～たりします

導入例　T：今まで、いろいろ勉強しました。（「～ませんか」のカードを見せ）これを普通体で言います。どうなりますか。「いっしょに行きませんか」は？
　　　　S：いっしょに行かない？
　　　　T：そうですね。じゃ、（「～ています」のカードを見せ）「今勉強しています」は？
　　　　S：今勉強してい……
　　　　T：「今勉強している」ですね。
　　　　同様に、第19課までに学習した項目の普通体を確認する。

練習　A2　下段6文　後続句を用いた文の普通体を確認する。
　　　B4　丁寧体から普通体への変換練習。
　　　　　さらに、テキストの問題に加えて、「～に行きます、（今）～ています、～てください、～ないでください、趣味は～ことです」やそれらの肯定形、否定形も含め変換練習させる。「～てください」「～ないでください」の普通体は「～て」「～ないで」になる。

| 展開 | 後続句を用いた文の普通体会話　例文5　例文6　例文7　例文8

普通体のやりとりを導入する。
「富士山に登ったことがある？」「うん、ある」「ううん、ない」など、肯定、否定とも文末表現に留意して答えることに注目させる。特に、否定の場合の答えがスムーズに出てこない学習者がいるので、質問応答練習を多くする。

　　導入例　教師が一人二役で導入する。
　　　　　　T：友達とパーティーに行きました。人がたくさんいます。友達が
　　　　　　　　質問しました。わたしと友達の会話です。
　　　　　　A：あの人を知っている？
　　　　　　B：え、知らない。
　　　　　　A：じゃ、あの人は？
　　　　　　B：ああ、知っている。富士大学のカリナさん。

　　練習　　B8　質問文を丁寧体から普通体に変え、答える練習。
　　　　　　QA　疑問詞疑問文に答える練習。
　　　　　　　　　例　T：今何をしている？→S：勉強している。
　　　　　　　　続いて、「はい／いいえ」で答える疑問文に答える練習。
　　　　　　　　　例　T：○○さんを知っている？→S：ううん、知らない。
　　　　　　C2　好きかどうか聞き、誘う。
　　　　　　　　助詞「が」が［　］に入っていることに注意。
　　　　　　C3　相手に有無や可否を確かめ、頼む。
　　　　　　　　助詞の脱落とともに、「〜ている」が縮約形「〜てる」になることに注意。「田中君」は「田中さん」と変えて、練習させてもよい。

（留意点）後続句の普通体を導入する際に、第6課 文型4「〜ましょう」および第14課 文型2「〜ましょうか」は扱わない。「〜（よ）うか」の「〜（よ）う」は意向形（初級Ⅱ第31課）になるが、ここでさらに新しい形を学習するのは、学習者の負担が大きいと考えられるためである。練習C2で、普通体の会話で誘いを受ける場合も、「いいね」で終わらせ、「飲もう」は避ける。

Ⅲ．会話　いっしょに行かない？

　　場面　　友達と夏休みの計画について話す。
　　目標　　親しい相手の普通体の発言が理解できる。また、その人と簡単な会話ができる。
　　表現　　・よかったら　　　　　「〜たら」（仮定）は第25課で学習するが、ここでは文法説明には触れず、会話表現として覚えさせる。

　　　　　　・いろいろ　　　　　　第10課ではな形容詞の用法を学習したが、ここでは副詞として動詞とともに使う。

練習　内容確認の質問例
・タワポンさんは夏休みに国へ帰りますか。
・タワポンさんは富士山に登ったことがありますか。
・タワポンさんと小林さんはいつ富士山へ行きますか。
身につけたい会話表現
・帰りたいけど……。
・よかったら、いっしょに行かない？
・また電話するよ。
・ありがとう。待ってるよ。
発展　「夏休み」を「冬休み」「春休み」あるいは「連休」などに変える。

Ⅳ．その他

例文　・助詞の脱落について
普通体の会話では助詞を言わないことが多く、このテキストでは言わなくてもよい助詞を［　］に入れている。ただし、例文3 の「木村さんに」の「に」、例文6 の「何も」の「も」のように脱落しないものもある。学習者から質問が出たら、脱落によって文意が不明になるおそれがある助詞は落とさないことを説明する。

・縮約形について
練習 C3 で「～ている」が「～てる」になることを学習したが、例文8 では否定の答え「～ていない」が「～てない」になることを見せている。「～てる？」「うん、～てる」「ううん、～てない」などの簡単な質問応答練習をして、発話に慣れさせてもよい。

問題　・6　ここでは記述文としての普通体、丁寧体の使い分けが提示されている。第20課では主に話しことばとしての普通体を学習するが、この読解問題は普通体で書かれた日記文の内容を丁寧体のメール文にする練習。日記や不特定の読者相手の読み物は普通体で、特定の読み手に対するメールや手紙は丁寧体で書かれることに留意させる。

・「天気はあまりよくなかったが、暖かかった」
丁寧体では異なる評価を並べて表現する場合、「天気はあまりよくなかったですが、暖かかったです」と言うが、普通体の会話では「けど」を用いることを練習C1で学習した。(例：「甘かったけど、おいしかった」) しかし、書きことばとしての普通体では「けど」は用いず、「が」を用いる。会話の場合と書きことばでは違うことに留意させる。

第21課

学習目標

できるようになること
- 簡単な意見・感想・予想が言える。
- 人の発言をほかの人に伝えることができる。
- 相手に確認したり、同意を求めたりすることができる。

学習すること

学習項目	文型	例文	練習A	練習B	練習C
1.〈普通形〉と思います（推量）	1	1・2	1	1・2	
（意見）		3・4	2	3・4・5	1
2.「文」／〈普通形〉と言います	2	5・6・7	3	6	2
3.〈普通形〉でしょう？	3	8	4	7・8	3

I. 新出語彙　導入の留意点

- 言います　　　　　助詞は「意見を言います」「〈普通形〉と言います」

- 留学します　　　　この課では助詞を伴って使う例文は出ていないが、「アメリカに留学します」を示してもよい。「アメリカへ留学します」も可。

- あります　　　　　イベントや会議、行事などが行われる。行われる場所は助詞「で」で表す。

- 気をつけます　　　「インターネットの使い方に気をつけます」「体に気をつけます」

- 物価　　　　　　　全般的な物の値段。「値段」は個々の商品の価格。

- たぶん／きっと　　副詞。どちらも推量の表現とともに使うことが多い。「きっと」のほうが「たぶん」より確信度が高い。

- ほんとう／ほんとうに　「ほんとう」は名詞。
「ほんとうに」は副詞で、「ほんとうに〜」の「〜」を強調する。

- そんなに　　　　　この課では、程度、数量が「考えていたほど、思っていたより（〜ない）」という意味で、否定形とともに用いる。

Ⅱ. 学習項目の導入と練習

1. わたしはあした雨が降ると思います。　〈普通形〉と思います

話し手が意見や感想、予測などを述べる言い方である。「思います」の内容は、助詞「と」で受ける。

導入1　〜と思います（推量）　文型1　例文1　例文2

推量の根拠となるものや情報を示して、学習者に実際に推量させる。推量の内容が人によって異なるような状況を設定して「わたしはこう思う」という個人の推量であることを示すとよい。

導入例　第17課の「会話」を読ませるか、CDを聞かせたあと、教師が一人二役で導入する。
　　　　Ａ：松本さんはあした、元気になりますか。
　　　　Ｂ：はい、元気になります。
　　　　Ａ：どうしてですか。
　　　　Ｂ：松本さんはきょう薬を飲んで、早く寝ますから、元気になります。わたしは思います。松本さんは元気になると思います。
　　　　Ａ：松本さんは毎日忙しいです。とても疲れています。
　　　　　　わたしは……松本さんは元気にならないと思います。

> まつもとさんは　げんきに　　　なると　おもいます。
> 　　　　　　　　げんきに　ならないと　おもいます。

「思います」の主語は「わたし」であること、「思う」内容は「と」で受けること、前には普通形が来ることを確認する。

練習　A1　「〈普通形〉と思います」の形を確認する。
　　　　　　ここで、第20課練習A1の表を復習し、普通形への変換練習を十分しておくとよい。学習者のレベルに合わせて品詞毎に、または品詞を混ぜて練習する。
　　　　B1　与えられた文を「〜と思います」を用いて推量を表す文に変える練習。さらに問題文を足して、「〈全品詞の普通形〉と思います」の変換練習をする。
　　　　QA　学習者が知らない人物の絵を見せて年齢や職業などを推測させたり、教師がジェスチャーをして何をしているか言わせたりする。
　　　　　　例　Ｔ：この人は何歳だと思いますか。
　　　　　　　　Ｓ：50歳ぐらいだと思います。
　　　　　　　　Ｔ：いいえ、100歳です。
　　　　B2　質問に対して括弧内の指示に従い、「〜と思います」で答える。

否定の場合の答え方に注意させる。また、「たぶん」「きっと」について説明し、2～3練習を加える。

- QA　B2を参考に質問し答えさせる。
  例：○○スーパーで雑誌を売っていますか。
  　　△△図書館に○○語の新聞がありますか。

導入2　～と思います（意見）　例文3

人によって意見が分かれるような話題で導入するとよい。

- 導入例1　学習者が興味を持ちそうな物（タブレット、デジカメなど）を用意して、値段を予想させる。いろいろな値段が出たあと、実際の値段を言う。それに対する「高い」「安い」の声を捉えて、「安いと思います」「高いと思います」を導く。

- 導入例2　学習者にひらがなとかたかなとどちらが難しいか聞く。その答えから「かたかな（ひらがな）のほうが難しいと思います」を導く。

- 練習　A2　「〈普通形〉と思います」の意味と形を確認する。
  - B3　与えられた文を「〈普通形〉と思います」に変換する練習。
  - B4　括弧内の指示に従って、「～と思います」を用いて質問に答える。1) 2) ははい／いいえで答える質問。3) 4) は疑問詞疑問文。テキストの練習のあと、同じ質問をして、学習者自身の意見を言わせる。
- QA　例文3やB3を参考に教師が質問をして、学習者自身の意見を言わせる。
  例：ホンダの車はデザインがいいですか。
  　　○○（学習者が学んでいる学校）はいい学校だと思いますか。

展開　～についてどう思いますか　例文4

相手の意見を聞くときは、「～についてどう思いますか」を用いる。「～」には名詞が入る。「～についてどう思いますか」は日常的な話題や会話ではあまり使われないので、学習者が意見を求められることの多い日本の印象など適当な話題を選んで導入する。

- 導入例　「日本の電車はきれいだと思いますか、便利だと思いますか、安いと思いますか」と言いながら、「きれいだ」「べんりだ」「やすい」を縦に並べて書き、右に「と思います」と書く。「きれいだ」「べんりだ」「やすい」の部分を丸で囲み、その上に ? カードを置き、「どう」を引き出す。「どう思いますか」「日本の電車についてどう思いますか」と言って質問文を上に書く。

```
にほんの　でんしゃに　ついて　どう　　　　　おもいますか。
                                      ⇓
                              …きれいだ　　と　おもいます。
                               べんりだ
                               やすい
```

「どう」のあとには「と」が入らないことを確認しておく。

練習　B5　日本についての意見を聞き、答える練習。
　　　　　テキストの練習のあと、ペアで同じ質問をして、答えは学習者自身の意見を言わせる。
　　　C1　インタビューに答える。
　　　　　相手の意見に同意するときは「わたしもそう思います」と言う。また、「どう」同様、「そうと思います」にならない。
　　　　　「〜が」の前を普通形にする学習者がいたら、丁寧体の文なので、「〜が」の前は丁寧体で言うように指導する。
　　　発展　そのとき話題になっていることや、学習者が興味を持っていることについてインタビューする。

（留意点）1）第20課では文のスタイルである普通体を学習したが、第21課では普通形を丁寧体の文の中に入れて用いるため、混乱する学習者が出てくる。普通形と普通体の違いをはっきり認識させるようにする。（第1部p. 11、第20課p. 171参照。）
　　　　　2）質問に対する否定の答えはここでは「いいえ、〜と（は）思いません」ではなく「いいえ、〜ないと思います」の形を扱う。

2. わたしは父に留学したいと言いました。　「文」／〈普通形〉と言います

この文はほかの人が言ったことを引用して述べるのに用いられる。引用のしかたには、実際に言ったとおりに引用する直接引用（例：「会社をやめます」と言いました）と間接引用（例：会社をやめると言いました）がある。「言います」の内容は助詞「と」で受ける。間接引用では、「と」の前の述語を普通形にする。

導入1　「文」と言います（直接引用）　例文5　例文6

あいさつ表現や、物語の登場人物のせりふなどで導入するとよい。

導入例　「いただきます（E10）」の絵教材を見せて、
　　　　T：食事のまえに、言います。（学習者に発話を促す。）
　　　　S：いただきます。
　　　　T：食事のまえに、「いただきます」と言います。
　　　「ありがとうございます（E5）」の絵教材を見せて、
　　　　T：プレゼントをもらいました。（学習者に発話を促す。）

S:「ありがとうございます」と言います。

しょくじの　まえに　「いただきます」と　いいます。

「言います」の内容は助詞「と」で受けること、および、直接引用では、書くときに発話部分を「」（鍵括弧）で示すことを説明する。さらに、「いただきます」の上に ? を置き、質問文が「何と言いますか」になることを学習者から引き出す。

練習　QA　あいさつ表現を使って質問応答練習をする。
　　　　　例：先生の部屋に入ります。何と言いますか。
　　　　　　　→「失礼します」と言います。

導入2　〈普通形〉と言いました（間接引用）　文型2　例文7

普通体で話していると思われる発言（例：友達や家族の発言）を引用すると、直接引用か間接引用かがわかりにくいので、丁寧体での発言を引用する。そのほうが「～と言いました」の「～」が普通形になることを示しやすい。

導入例　学習者と日本語の勉強についてやりとりする。
　　　　T：皆さん、日本語の勉強が好きですか。
　　　　S：はい、好きです。
　　　　T：日本語をたくさん勉強したいですか。
　　　　S：勉強したいです！
　　　　T：じゃ、これはきょうの宿題です。（プリントを10枚ぐらい見せる。）
　　　　S：えーっ。
　　　　T：（学習者の反応が意外だという表情で）皆さんは日本語の勉強が好きだと言いましたね。日本語をたくさん勉強したいと言いました。

Sさんは　「にほんごの　べんきょうが　すきです」と　いいました。
Sさんは　にほんごの　べんきょうが　すきだ　と　いいました。

練習　A3　「〈普通形〉と言いました」の形の練習。
　　　　B6　歴史上の有名な人物の発言を引用する。練習のまえに、名前を知っているか、どんな人か、学習者に確認するとよい。
　　　　C2　遊園地の園内放送で何と言ったか、教える／教えてもらう。
　　　　発展　談話のはじめに、知らない人に声をかけるときの切り出し「あのう、ちょっとすみません」「はい、何ですか」を付け加えて練習する。

　　　　QA　教師が話したことを聞きとれなかった学習者がほかの学習者
　　　　　　に尋ねる状況を設定し、質問応答する。
　　　　　例　T：あした、10時から漢字の試験があります。
　　　　　　　S1：え？　先生は今何と言いましたか。
　　　　　　　S2：あした10時から漢字の試験があると言いました。

(留意点) 1) 疑問文の引用は「『食べますか』／食べるかと聞きました」のようにな
　　　　るが、ここでは扱っていない。また、指示や依頼（～てください）の引
　　　　用「～てくれと言いました」も扱っていない。
　　　2) 「～と言いました」は、伝言の機能は持たない。伝言は第33課（初級Ⅱ）
　　　　で「～と言っていました」を学ぶ。学習者が混同しないよう、導入や練
　　　　習の場面設定に留意する。

3. 疲れたでしょう？　〈普通形〉でしょう？

「～でしょう？」は聞き手に確認したり、話し手の発言に同意することを期待している場合に使われる。文末は上昇イントネーションになる。

　導入　～でしょう？　文型3　例文8

教師と学習者がよく知っている場所や人を話題にし、同意を得られる内容で導入する。

　　導入例　T：皆さん、秋葉原へ行きましたか。Ｓさん、行きましたか。
　　　　　　S：はい、行きました。
　　　　　　T：秋葉原は人が多いでしょう？
　　　　　　S：ええ、多いですね。
　　　　　　T：とてもにぎやかでしょう？
　　　　　　S：ええ、にぎやかです。

　　　　　　あきはばらは　ひとが　おおいでしょう？
　　　　　　　　　…ええ、おおいです。

「～でしょう？」は普通形に接続すること、名詞文とな形容詞文は普通形の「だ」が落ちることを確認する。

　　練習　A4　「〈普通形〉でしょう？」の形の練習。
　　　　　B7　文末の上昇イントネーションに気をつけながら、変換練習。
　　　　　B8　「～でしょう？」に対する答え方の練習。
　　　　　　　相手の意見に同意しない場合は「そんなに」や「あまり」を
　　　　　　　使って、表現を和らげる。

QA　例文8を参考に、語句を与えて、「～でしょう？」の形で予定を確認するやりとりをする。
　　例　T：来週の月曜日、漢字の試験があります
　　　　→S1：来週の月曜日、漢字の試験があるでしょう？
　　　　　S2：ええ、あります。
C3　相手が参加したイベントなどについて「～でしょう？」で関心を示している。
発展　C3に第12課の会話の8行目以降を加えて、練習するとよい。

留意点　「～でしょう？」は文脈や場面によって、相手に押しつけがましい印象を与えることがある。学習者には、目上の人に自分から「～でしょう？」と同意を求めるのは失礼になることを言っておく。

Ⅲ．会話　わたしもそう思います

場面　久しぶりに会った人と飲みに行って、雑談する。
目標　日常生活の場面で身近な話題について簡単な意見や感想が言える。
表現　・～でも［飲みませんか。］「～でも」は例示の意味。
　　　・帰らないと……。　「～ないと」は「～ないといけません」（第17課）の省略形。独り言のように言うことがある。
練習　内容確認の質問例
　　　・松本さんとサントスさんはどこへ行きましたか。
　　　・サントスさんは日本とブラジルとどちらが勝つと言いましたか。
　　　・松本さんは日本のサッカーについて何と言いましたか。
　　　身につけたい会話表現
　　　・久しぶりですね。
　　　・ビールでも飲みませんか。
　　　・あ、もう帰らないと……。
発展　ペアで、以下のような流れの会話を作る。
　　　例：久しぶりに会って、近くのレストランか喫茶店に入る
　　　　　→そのとき話題になっていることについて話す→別れる

Ⅳ．その他

例文　・6　「かぐや姫」はよく知られている日本の昔話。母親が娘に絵本の読み聞かせをしている場面を想定している。
　　　・7　「会議で何か意見を言いましたか」の「で」は場面を表す。
　　　・8　7月に京都で行われる「祇園祭」のことを言っている。

第22課

学習目標

できるようになること
・連体修飾を使って、人や物のより詳しい描写、説明ができる。

学習すること

学習項目	文型	例文	練習A	練習B	練習C
1．～は 文 名詞（人・物・場所）です	1	1	1・2	1・2	
2．文 名詞（人・物・場所）は～	2	2・3 4・5	3	3・4・5	1・2
3．文 名詞（人・物・場所）をVます	3	6	4	6	3
4．文 名詞（人・物・場所）が～		7	5	7	
5．文（辞書形） 名詞（時間・約束・用事） があります／ありません	4	8	6	8	

I．新出語彙　導入の留意点

・着ます［コートを～］　　　上半身、または体全体に身に着けるものに使う。

・はきます［靴を～］　　　　足元や下半身に身に着けるものに使う。

・かぶります［帽子を～］　　頭を守ったり覆ったりするものを身に着けるときに使う。

・します［ネクタイを～］　　衣服、眼鏡以外の物を身に着けるときに使う。

　　以上の動詞と「(眼鏡を)かけます」は、身に着けた状態を表すとき「～ています」になる。
　　例：先生は青いセーターを着ています。赤い靴をはいています。眼鏡をかけています。

・ロボット　　　　　　　　　第22課では人型ロボットをイメージしている。

・ユーモア　　　　　　　　　「○○さんは～があります／わかります」

・都合　　　　　　　　　　　「～がいい／悪い」「～はどうですか」。主に予定が入っているかどうか
　　　　　　　　　　　　　　を意味する。

・よく　　　　　　　　　　　「～カラオケに行きます」。程度を表す「よく」（第9課）と違い、
　　　　　　　　　　　　　　頻度の高さを表す。

Ⅱ．学習項目の導入と練習

1．これはミラーさんが作ったケーキです。　N_1は 文 N_2 です

日本語では名詞を修飾するとき、語であれ、文であれ、修飾するものはすべて被修飾語の前に来る。修飾するものが名詞の場合は「N_1のN_2」、形容詞の場合は「形容詞（い／な）N」となることは既に学習した。文が名詞を修飾する場合は修飾節中の述語は普通形を用いる。その場合、修飾節中の主語は「が」で示される。

導入1　連体修飾節

まず、既習の文型を使って、修飾する語は修飾される語の前に来ることを確認する。次いで、文の場合も前に来ることを示す。

導入例　『みんなの日本語』の本を取り上げて、「これは本です」「日本語の本です」など、以下のようなことを言いながら板書していき、文が修飾する場合、述語が普通形になることを示す。ついで、「人」「所」についても同様に紹介する。

```
にほんごの
おもしろい
きれいな        ほん
がいこくじんが　よむ
きのう　かった
```

「外国人が読む本」の「が」に注目させ、修飾節中の主語は「が」になることを確認する。

練習　A1　表を読みながら、被修飾語が物である場合、人である場合、所である場合を順に確認し、いずれの場合も修飾するものが文の場合、述語が普通形になることを確認する。

導入2　～は 文 名詞 です　文型1 例文1

連体修飾節が「N_1はN_2です」のN_2を修飾する場合を学習する。導入1 で行ったことを利用する。

導入例　導入1 の板書に戻り、「これは本です」「日本語の本です」などと繰り返しながら、「これは～です」を書き足す。上3行を消す。

これは | がいこくじんが　よむ
きのう　かった | ほんです。

練習　A2　「N₁はN₂です」のN₂の部分が文によって修飾されていることを確認して練習する。Nは「物」だけでなく、「人」「所」でもあることに留意させる。
　　　B1　「これは〜です」の「〜」の部分を〈　〉に与えられた文で修飾して、どんな物か説明する練習。
　　　文作り　それぞれに思い出の写真を持って来させ（前日に指示しておく）、例文1を参考にやりとりをする。
　　　　　例　A：これは東京スカイツリーの上から撮った写真です。
　　　　　　　B：すごいですね。いつ撮りましたか。
　　　B2　人物を特定するために、連体修飾節を使って描写する。

(留意点)「これはミラーさんが作ったケーキです」と「ミラーさんはこのケーキを作りました」とどう違うかという質問がある。前者は「これはどんなケーキであるか」が伝えたい情報であるのに対し、後者は「ミラーさんは何をしたか」ということが伝えたい情報である。

2. あそこにいる人はミラーさんです。　文　N₁はN₂です／Aです／Vます

連体修飾節が「N₁は〜です／〜ます」のN₁を修飾する場合を学習する。述部には名詞、形容詞、動詞が来る。

導入　文　名詞は〜　文型2 例文2 例文3 例文4 例文5

・パーティーなどで出会った人のことを知人に尋ねる場面を作るとよい。
・「セーターを着ている」「眼鏡をかけている」「靴をはいている」などの表現が出てくるので、この項目に入るまえにこれらの表現を復習しておく。

導入例　第19課の会話イラストを示す（松本さんのネクタイを赤くし、マリアさんに小さい帽子をかぶせるなどの加工をしておくとよい）。
　　　T：19課の会話です。覚えていますか。
　　　　　この（着物姿の人を指して）着物を着ている人はだれですか。
　　　S：松本さんの奥さんです。
　　　T：松本さんの奥さんと話している人はだれですか。
　　　S：マリアさんです。
　　　T：マリアさんが見ているものは何ですか。
　　　S：アイスクリームです。

> きものを きて いる ひと は まつもとさんの おくさんです。
> マリアさんが みて いる もの は アイスクリームです。

イラストを利用して、「赤いネクタイをしている人は？」「帽子をかぶっている人は？」などを与え、完全な形で文を作らせて確認する。

練習　A3　連体修飾節が「N₁は～」のN₁を修飾していること、「N₁は～」の「～」の部分に、それぞれ、名詞、形容詞、動詞が来ていることを確認する。
　　　B3　被修飾語が人の場合の練習。
　　　　　人が身に着けている物を言って、その人が誰か尋ねる。
　　　B4　被修飾語が所の場合の練習。
　　　QA　B4を参考に、学習者の実際の状況に合わせて質問し合う。
　　　　　例：Sさんが生まれた所はどこですか。
　　　B5　被修飾語が物、人、所の場合の総合練習。
　　　C1　パーティーで出会った人の名前をそっと知人に尋ねる。
　　　C2　事務所で書類の場所を尋ねる。
　　　発展　Bが机の上にあるものは何か説明するやりとりに変える。
　　　　　例　A：あの机の上にあるものは何ですか。
　　　　　　　B：田中さんにもらったカタログです。
　　　　　　　A：あ、そうですか。

3. きのう習ったことばを忘れました。　文 N をVます

これは「連体修飾節＋名詞」が目的語になる場合の形である。

導入　文 名詞 を～　文型3 例文6

名詞がどんなものなのか聞きたくなるような状況を考える。

　　導入例　T：きのうおもしろい犬を見ました。
　　　　　　S：どんな犬ですか。
　　　　　　T：靴をはいている犬です。今まで服を着ている犬を見たことがありますが、靴をはいている犬を初めて見ました。

> くつを はいて いる いぬ を みました。

練習　A4　「『文＋N』をVます」の形を確認する。修飾節の中にも「N

をVます」があるので、混乱しないように注意する。
- B6 「連体修飾節＋名詞」が目的語になる場合の練習。
文末にさまざまな後続句が来ることに注意。
- 文作り [例文6]を参考に、「なくした」「忘れた」を使って、困ったことを考える。
  例：けさデパートで買ったかばんを電車に忘れました。
  　　誕生日に父にもらった時計をなくしました。
- C3 成人式後のパーティーでインタビューを受ける。
- 発展 学習者の実際の状況に基づいてインタビューし合う。

4. わたしは本を読む人が好きです。

これは「連体修飾節＋名詞」が「好き／嫌い／上手／下手／欲しい／Vたいです」の対象になる場合の形である。

導入 文 名詞 が〜 [例文7]

好きな物、欲しい物などを詳しく具体的に説明する場面を作る。

導入例 板書しながら導入する。
T：わたしは子どもが5人います。犬もいます。大きいうちが欲しいです。部屋がたくさんあるうちが欲しいです。大きい庭が欲しいです。犬と遊ぶことができる庭が欲しいです。

```
　　　　　おおきい　うち
　へやが　たくさん　ある　うち　　が　ほしいです。
いぬと　あそぶ　ことが　できる　にわ
```

練習 A5 「『連体修飾節＋名詞』が〜」の形を確認する。修飾節の中にも「を」や「が」があるので、注意する。
- B7 「『連体修飾節＋名詞』が〜」の形の練習。
- QA B7、[例文7]を参考に、「どんな〜が〜ですか」の形で、学習者の実際の場合について質問応答する。
  例：どんなロボットが欲しいですか。
  　→掃除と洗濯をするロボットが欲しいです。

5. 買い物に行く時間がありません。

文 N（時間・約束・用事）があります／ありません

約束や用事、時間の使い道などを説明するときの言い方。修飾節の動詞は辞書形になる。

導入　文　名詞 があります　文型4　例文8

誘われたが、理由を言って断らなければならない場合や不平不満を言う場面を考える。

導入例1　教師が一人二役をする。
　　　　A：Bさん、土曜日パーティーがあります。いっしょに行きませんか。
　　　　B：パーティーですか。残念ですが、土曜日は子どもと遊ぶ約束があります。子どもを動物園へ連れて行かなければなりません。また今度お願いします。

導入例2　T：わたしは銀行で働いています。とても忙しいです。毎日残業します。子どもと遊ぶ時間がありません。テレビを見る時間がありません。本を読む時間がありません。会社をやめたいです。

```
こどもと　あそぶ　やくそく　が　あります。
こどもと　あそぶ　じかん　　が　ありません。
```

練習　A6　「〈動詞辞書形〉時間／約束があります／ありません」の形を確認する。
　　　B8　質問に対して理由を添えて「いいえ」で答える。例と3）は「ありませんでした」になっていることに注意。
　　　文作り1　例文8 を参考に、友達を誘い、誘われた人は理由を述べて断るやりとりをする。
　　　文作り2　文構造をしっかり把握させるために語順ゲームなどをするとよい。ペアで相談しながらすると楽しい。下のようにことばを書いた紙を準備し、順不同にして1文ずつまとめて渡す。
　　　　　例： すきです　ユーモアが　ひとが　わかる　わたしは
　　　　　→ わたしは　ユーモアが　わかる　ひとが　すきです

III．会話　どんな部屋をお探しですか

場面　不動産屋で家を探す。
目標　不動産屋で住宅について欲しい情報が得られる。
表現　・お探しですか　　「探していますか」の尊敬表現である。

　　　・ここは何ですか　　場所を指して、その場所が（どのような機能を持った）何という名称の場所なのかを尋ねる言い方。

練習　内容確認の質問例
　　　・ワンさんはどんな部屋を探していますか。

・不動産屋さんはどんな部屋をワンさんに見せますか。
・ワンさんは今から何をしますか。
身につけたい会話表現
・家賃は8万円で、駅から遠くない所がいいです。
・ここは何ですか。
・この部屋、きょう見ることができますか。

発展　家の間取り図（簡単なもの）をいくつか準備する。不動産屋へ行って、希望物件を探してもらう場面から始め、部屋を実際に見せてもらう場面まで発展させる。

留意点　「今から行きましょうか」は第14課の「～ましょうか」の話し手の行為の申し出ではなく、第6課の「～ましょう」の応用形で、「いっしょに行きましょう。いかがですか」という意味合いである。

Ⅳ．その他

問題　・7　問題に入るまえに、日本でコンビニへ行ったことがあるかどうか、何をしに行ったか、自分の国と違う物を見つけたかどうかなどを聞く。

第23課

学習目標

できるようになること
- どんなときにどんな行動をするか、あるいはしたかが説明できる。
- 簡単な機械の使い方や道順などが聞いてわかる。

学習すること

学習項目	文型	例文	練習A	練習B	練習C
1．〈辞書形〉/〈ない形〉ないとき、〜	1	1・2	1	1・4	
2．〈辞書形〉/〈た形〉とき、〜		3・4	2	2・4	1
3．〈い形容詞〉/〈な形容詞〉な/〈名詞〉のとき〜		5 6 7	3	3・4	2
4．〈辞書形〉と、〜	2	8・9	4	5・6	3

Ⅰ．新出語彙　導入の留意点

- 出ます［お釣りが〜］　これまで「喫茶店を出ます」（第14課）「大学を出ます」（第16課）を学習した。「お釣りを出ます」と言い間違える学習者がいるので、注意する。

- 曲がります［右へ〜］　通過する場所は「を」で示す。「交差点を右へ曲がります」
  渡ります　　　　　　「橋を渡ります」

- －目　　　順番を言うときに使う。ここでは「1つ・2つ」とともに場所を言うときに用いる。「2つ目の角」

Ⅱ. 学習項目の導入と練習

1. 図書館で本を借りるとき、カードが要ります。
〈V辞書形〉／〈Vない形〉ないとき、〜

「〜とき」は2つの文をつなぐ働きをし、前の文は後ろの文が成立するための「時」や「場合」を示す。

導入 〜る／ないとき、〜　文型1 例文1 例文2

どんなときに何を使うか、わかるような物を準備するとよい。

導入例1　T：これは図書館のカードです。図書館で本を借ります。このカードが要ります。図書館で本を借るとき、カードが要ります。

導入例2　T：本を読みます。時々難しいことばがあります。意味がわかりません。この辞書を使います。ことばの意味がわからないとき、この辞書を使います。

> としょかんで　ほんを　かりる　とき、カードが　いります。
>   いみが　わからない　とき、じしょを　つかいます。

「とき」の前が動詞の辞書形と「〈ない形〉ない」であることを確認する。
教師が「今から本を読みます」と言いながら、本を開けて読む動作をすると同時に眼鏡をかけて、学習者に文を作らせる。
→S：本を読むとき、眼鏡をかけます。
空の財布を見せて「お金がありません」「銀行へ行きます」
→S：お金がないとき、銀行へ行きます。

練習　A1　文の構造と意味を確認する。
　　　B1　2文を「とき」でつなげて、文を作る練習。
　　　文作り　前の文を与えて、後ろの文を作らせる。
　　　　　例：ごはんを食べます
　　　　　　　→ごはんを食べるとき、はしを使います。
　　　QA　例文2 を参考に、いろいろな「とき」を想定して、どうするか質問応答する。
　　　　　例：学校へ行くとき、何で行きますか。
　　　　　　　宿題がわからないとき、だれに聞きますか

2. うちへ帰ったとき、「ただいま」と言います。
〈V辞書形〉／〈Vた形〉とき、〜

「とき」の前に来る動詞が辞書形の場合、後ろの文が成立する時点で、その動作はま

だ完了していないことを示し、た形の場合はその動作が既に完了していることを示す。上記の例文で言えば、「うちへ帰る」→「『ただいま』と言う」という順序になる。

導入　～る／～たとき、～る　例文4

いろいろな動作や絵で具体的に示すとわかりやすい。

導入例　ホワイトボードの左隅に会社、右隅にうちをかく。会社の前に立ち、
T：5時に仕事が終わります。うちへ帰ります。（歩き始める。）きょうは子どもの誕生日です。（会社とうちの途中にケーキ屋をかく。）わたしはうちへ帰るとき、ケーキを買います。（ケーキを買う動作。ケーキを持って、うちに帰りつく。）さあ、うちへ帰りました。わたしは言います。『ただいま』うちへ帰ったとき、『ただいま』と言います。

> うちへ　かえる　とき、ケーキを　かいます。
> うちへ　かえった　とき、「ただいま」と　いいます。

前の文の動作が完了しているか、していないかによって、た形、辞書形となることを確認する。教室を出る直前に「教室を出ます」、電気を消す動作をして「電気を消します」と言い、学習者に文を作らせる。→S：教室を出るとき、電気を消します。
いったん教室を出てから、教室に入り、「教室に入りました」、電気をつける動作をし、「電気をつけます」→S：教室に入ったとき、電気をつけます。

練習　A2　上段2文　文の構造と意味を確認する。後ろの文がいつ成立するかを確かめる。
　　　B2　イラストを見て「～とき」の文を作る練習。
　　　QA　挨拶表現の文字カードや絵カードを見せて、質問を作らせ、答えさせる。
　　　　　例：さようなら
　　　　　　　→S1：S2さんの国では、学校からうちへ帰るとき、友達に何と言いますか。
　　　　　　　　S2：Au revoir.と言います。

展開　～る／～たとき、～た　例文3

過去のことを言う際にも、文末の時制に関係なく、「とき」の前は辞書形、た形を使うことを導入する。

導入例　導入で使ったホワイトボードの絵を利用して、
T：きのうの朝、うちを出て、会社へ行きました。（うちから会社に向かって歩く。途中に駅をかきこむ）駅で新聞を買いました。

きのう会社へ行くとき、駅で新聞を買いました。会社へ行きました。受付で部長に会いました。会社へ行ったとき、受付で部長に会いました。

> きのう　かいしゃへ　いく　とき、えきで　しんぶんを　かいました。
> きのう　かいしゃへ　いった　とき、うけつけで　ぶちょうに　あいました。

文末が「～ました」になっているが、「とき」の前は動作が完了したか、していないかによって、た形、辞書形となることを確認する。

練習　A2　下段2文　文の構造と意味を確認する。後ろの文が過去形になっていることに注意させる。
　　　QA　どの時点のことを話題にしているかが理解できているかを確認する質問をし、答えさせる。
　　　　　例：けさ、学校へ来るとき、だれに会いましたか。
　　　　　　　旅行に行ったとき、いつもお土産を買いますか。
　　　C1　日本の贈り物の習慣を教えてもらう。
　　　発展　学習者どうしで相手の国の習慣を聞き合う。

留意点　1）「～る／～たとき」の区別は理解しにくい場合もあるので、イラストをかいたり、実際に学習者に動作をさせたりして、文を作らせてみるとよい。
　　　　2）「～たとき」を理解させるためには、「疲れた／おなかがすいた／のどが渇いたとき」など既にその状態になっている状況を示すと効果的な場合もある。

3. 眠いとき、コーヒーを飲みます。　〈いA〉／〈なA〉な／Nのとき、～

い形容詞、な形容詞、名詞と「とき」をつなげる場合は第22課で学習した名詞修飾と同様である。

導入　～い／～な／～のとき、～　例文5　例文6　例文7

「眠い／寒い／暑いとき」「暇なとき」「雨／病気のとき」などわかりやすい状況を設定するとよい。

導入例1　T：あしたまでにレポートを書かなければなりません。でも、とても眠いです。皆さんは眠いとき、すぐ寝ますか。顔を洗いますか。わたしは眠いとき、コーヒーを飲みます。

導入例2　T：あさっては日曜日です。仕事がありません。約束もありません。暇です。皆さんは暇なとき、何をしますか。わたしは本を読みます。暇なとき、本を読みます。

導入例3　T：わたしは結婚しています。いつ結婚しましたか。26歳のとき、結婚しました。

> ねむい とき、コーヒーを のみます。
> ひまな とき、ほんを よみます。
> 26さいの とき、けっこんしました。

「とき」の前がどのような形になっているか確認し、学習者に質問して、文を作らせてみる。
例　T：きょうはいい天気ですね。いい天気のとき、Sさんは何をしますか。
　　S：いい天気のとき、散歩します。
ただし、「どうしますか」は次の段階で導入するので、質問に入れないように気をつける。(例：×眠いとき、どうしますか。→○眠いとき、すぐ寝ますか。)

練習　A3　文の形を確認する。
　　　B3　2つの文をつなげて完成する練習。
　　文作り1　前の文を与え、後ろの文を考え、完成させる。
　　　　例：暑い→暑いとき、エアコンをつけます。
　　　　　　子ども→子どものとき、外でよく遊びました。
　　文作り2　『翻訳・文法解説』p.157「人の一生」を参照し、「～のとき」を使って、これまでの半生を紹介し合う。
　　QA　学習者の実際の習慣について質問応答練習。
　　　　例：暇なとき、いつも何をしますか。
　　　　　　雨のとき、買い物に行きますか。

(留意点)「とき」の前にくる形容詞や名詞は文末の時制に合わせて活用させる場合もあるが(例：娘は小さかったとき、よくかぜをひきました。)、ここでは文末の時制に関係なく、「とき」を修飾する用法を学ぶ。(例：娘は小さいとき、よくかぜをひきました。)

展開　～とき、どうしますか　例文2

何か問題があって、困った場合、やり方がわからない場合などの対策や方法、手順を尋ねる場合は「何をしますか」ではなく、「どうしますか」を用いる。

導入例　夜遅く、うちへ帰ったが、「冷蔵庫に何もないとき」、出かけたが、「道がわからないとき」などを例に挙げ、質問は「どうしますか」になることを示す。

> れいぞうこに なにも ない とき、どう しますか。
> …レストランへ いきます。

練習　B4　「どうしますか」の質問を作り、答える練習。

QA1 　学習者の実際の行動について質問応答練習。
　　　　例：お金がないとき、どうしますか。
QA2 　「何をしますか／どうしますか」だけではなく、「どんなとき、〜か」も入れるとよい。「とき」を使って、答えを考えるよい練習になる。
　　　　例：どんなとき、コーヒーを飲みますか。
　　　　　→眠い／疲れた／友達と話すとき、飲みます。
C2 　コピー機の使い方を聞く。
発展 　パソコンなどほかの機械を使って、使い方を尋ねる会話を作る。

4. このボタンを押すと、お釣りが出ます。　〈V辞書形〉と、〜

この表現はある事柄が起こったり、ある動作を行ったりすると、別の事柄や作用が続いて起こることを示す。ここでは「〜ないと、〜」は扱わない。

導入 〜と、〜　文型2　例文8

導入するまえに第19課で学習した「〜く／になります」の表現を復習しておくとよい。テレビやCDプレーヤーなどを実際に使ってみると、わかりやすい。実物がない場合はイラストや写真を準備するとよい。

導入例1 　自動販売機のイラストや写真を準備して、
　　　　T：皆さん、今からジュースを買います。ここに200円入れます。ボタンを押します。ジュースが出ます。ボタンを押すと、ジュースが出ます。

導入例2 　CDプレーヤーにCDを入れ、
　　　　T：日本の歌を聞きましょう。（スイッチを入れて）あ、音が小さいですね。これを回します。右へ回します。これを右へ回すと、音が大きくなります。

> これを　まわすと、おとが　おおきく　なります。

練習　A4 　上2文　文の形と意味を確認する。
　　　　どんな機械について説明しているか想像してみる。
　　B5 　イラストを見ながら、文を完成する練習。さらに、テキスト以外の機械などの写真やイラストを使って文を作ってみる。

展開 〜と、〜があります　例文9

道順の説明によく使われる表現を学習する。
この課の新出語彙、「歩きます」「渡ります」「曲がります」の辞書形、道や信号など道順の説明によく使われる語彙を再度確認しておく。

導入例 　一人二役をする。郵便局、銀行などを示した簡単な町の地図をかき、

A：すみません、郵便局はどこですか。
B：あそこに交差点がありますね。あの交差点を右へ曲がると、郵便局があります。

> あの　こうさてんを　みぎへ　まがると、ゆうびんきょくが　あります。

「と」の前は辞書形であること、後ろの文は「〜があります」となることを確認する。上記の地図を使って、簡単な場所の行き方を説明させてみて、表現を確認するとよい。

練習　A4　3行目　文の形と意味を確認する。
　　　B6　質問を作り、地図を見て答える練習。さらに、準備した地図などを使って、練習する。
　　　C3　道を尋ねる。教える。
　　　発展　お互いの居場所を示した白地図と施設の場所の記載された地図を用意し、前者を持ったS1が道を尋ね、後者を持ったS2が行き方を教える。

留意点　1）「開きます、閉まります、消えます、つきます、止まります」などの自動詞が未習なので、機械などの使い方を説明する際には既習の語彙で説明できる現象を選んで、紹介する。
　　　　2）「音が小さい」「電気が明るい」などの「が」は、ある現象を見たまま、聞いたまま描写する文で用いられる。『翻訳・文法解説』p. 147, 4参照。

Ⅲ．会話　どうやって行きますか

場面　駅前から図書館に電話をかけ、行き方と本を借りるのに必要なものを尋ねる。
目標　簡単な道案内、公共施設での簡単な手続きのやり方が理解できる。
表現　・そちらまで　　　電話の相手のいる場所は「そこ・そちら」を使う。ここでは「図書館まで」の意味。

　　　・それから　　　　前の事柄にさらに付け加えるときに使う。ここでは行き方の質問に加え、本の借り方についての質問を加えている。第17課「会話」参照。

練習　内容確認の質問例
　　　・カリナさんはどこへ行きますか。

・どうやって行きますか。
・どこにありますか。
・本を借りるとき、何が要りますか。

身につけたい会話表現
・あのう、そちらまでどうやって行きますか。
・それから、本を借りるとき、何か要りますか。

発展　人が自分のうちへ来るという設定で、電話で行き方、道順を説明する。『翻訳・文法解説』p. 145「道路・交通」の語彙なども参考にできる。

(留意点) 1) 練習Bでは行きたい場所を聞くのに「○○はどこですか」、会話では「どうやって行きますか」になっている。どちらも行き方を尋ねるときに使われる表現だが、厳密に言うと、前者は所在地を尋ね、後者は行きつくまでの具体的な行動を尋ねていることになる。

2)「本田駅で（12番のバスに乗って）」ではなく「本田駅から」となっているのは、「本田駅」という場所を「乗る」行為の起点としてとらえているからである。

3)「お名前とご住所がわかる物」が構造的にうまく理解できない学習者が出てくるかもしれない。その場合はパスポートや運転免許証などを見せて、「名前と住所がわかる物です」と説明する。

Ⅳ．その他

例文　・4 「日本のは小さいですから」の「日本の」は「日本の服や靴」の意味。

問題　・1-4)「どんなとき、タクシーに乗りますか」にはいろいろな答えが考えられる。例えば、「疲れたとき」「時間がないとき」「急ぐとき」「荷物が多いとき」「夜遅いとき」など。

・8 「国の仕事」は「政治」のことである。聖徳太子や法隆寺の写真、資料を準備するとよい。

第24課

学習目標

できるようになること
・物の授受について話す。
・恩恵を与えたり受けたりしたことを表現できる。

学習すること

学習項目	文型	例文	練習A	練習B	練習C
1．～をくれます	1	1・2	1・2	1・2	1
2．〈て形〉もらいます	2	3	3	3・4	2
3．〈て形〉くれます	3	4	4	5・6	3
4．〈て形〉あげます	4	5	5	7	

Ⅰ．新出語彙　導入の留意点

・直します	第20課で学習した「修理します」よりも広い意味で使われる。例：レポートを直します。テレビを直します。
・連れて行きます／連れて来ます	目的語として「人」をとり、「〈人〉を」となることに注目させる。
・送ります	第7課の「送ります」（例：母にセーターを送ります。）と区別する。 目的語として「人」をとり、「〈人〉を」となる。 例：母<u>を</u>駅まで送ります。
・紹介します	「〈人〉に〈人〉を紹介します」
・案内します	「町を案内します」「会議室に案内します」の2つの意味。
・おじいさん／おじいちゃん 　おばあさん／おばあちゃん	「祖父／祖母」「高齢の男性／女性」の2つの意味。
・準備	「～を準備します」と「～の準備をします」という使い方を教える。

・全部	「全部で」（第11課）と間違いやすい。次のような例文で違いを確認するとよい。 「100円ショップの物は全部100円です。これとこれとこれを買いました（3つ見せる）。全部で300円でした。」
・自分で	「一人で」（第5課）と間違いやすい。「一人で」は人数を問題にしているが、「自分で」は「だれの力も借りずに」という意味になる。「自分で」やることは自分に関することが多く、例えば、「自分で掃除します」というと掃除する場所は自分の部屋と考えられる。

Ⅱ．学習項目の導入と練習

1. 佐藤さんはわたしにチョコレートをくれました。

〈人〉はわたしにNをくれます

「あげます」と「くれます」はどちらも「与える」という意味である。ほかの人が話し手に物を与える場合、「あげます」ではなく、「くれます」を用いる。

導入　〈人〉はわたしに〜をくれます　文型1　例文1

実物や写真などを用意し、お土産を渡すという設定で、物を移動させる。

導入例　T：佐藤さんが先週アメリカへ旅行に行きました。きのうアメリカから帰りました。たくさんお土産があります。Aさんにかばんをあげました。Bさんにチョコレートをあげました。わたしに本を……くれました。

さとうさんは　わたしに　ほんを　くれました。

物の移動の方向は「あげました」と同じだが、「わたしに」のときには「くれます」を使うことを確認する。

練習　A1　物を入れ替えて、文を作る練習。「わたしに」を入れて練習する。

　　　B1　イラストを見て、文を作る練習。板書の「わたしに」を［　　］でくくって、「わたしに」を省略して練習する。

　　　QA　家族や恋人などを取り上げて、誕生日のプレゼントについて尋ねる。学習者の実際の状況に合わせて答えさせる。
例文1のように文末が「ます」になる文も扱う。
例：家族は誕生日にいつもプレゼントをくれますか。
　　去年の誕生日に何をくれましたか。

留意点　「くれます」は話し手だけではなく、第三者から話し手の身内や聞き手に物

が移動する場合も可能だが、この課では「わたし（話し手）にくれる」に限定して練習を行う。

展開 [〈物〉は]〈人〉がくれます　例文2

「物」が主題として取り上げられるような状況を作って導入する。

導入例　教師が一人二役で、コーヒーを見せて、
A：それは何ですか。
B：これですか。ブラジルのコーヒーです。サントスさんがくれました。

> ブラジルの　コーヒーです。サントスさんが　くれました。

「〈人〉が」になることに注意させる。

練習　A2　ある物について、それをくれた人を言う練習。
　　　B2　与えられたことばで絵の中の物を修飾して文を作る。それに同意して、誰がくれたかを述べる。
　　　C1　持ち物を褒められ、誰がくれたかを相手に伝える。
　　　発展　学習者どうしでそれぞれの持ち物について同様の会話を作ってみる。

2. わたしは山田さんにレポートを直してもらいました。

わたしは〈人〉に〈Vて形〉もらいます

人の行為によって恩恵を受けたことを表現する。

導入 わたしは〈人〉に〜てもらいます　文型2　例文3

「わたし」がだれかに親切にしてもらっている状況を表す絵を用意する。

導入例　T：わたしです。わたしは郵便局へ行きたいです。行き方がわかりません。ワットさん。すみません。地図をかいてください。…ありがとうございました。
わたしはワットさんに地図をかいてもらいました。

> わたしは　ワットさんに　ちずを　かいて　もらいました。

練習　A3　恩恵を受ける動作を入れ替えて「〜てもらいました」の文を作る練習。

　　　　　B3　絵を見て、「わたしは〈人〉に～てもらいました」という文を作る練習。
　　　　　B4　絵を見て、「～てもらいます」を使って、誰から恩恵を受けたか質問応答の文を作る練習。
　　　　　C2　パーティーの準備について確認するやりとり。

3. 母はわたしにセーターを送ってくれました。　〈人〉は〈Vて形〉くれます

ほかの人が話し手のためにした親切な行為をその人を主語にして聞き手に伝えるときに使う。「～てもらいます」とほとんど同じ意味で使うこともあるが、「～てくれます」のほうが相手が自分から進んで恩恵を与える行為をしたというニュアンスが含まれる。

導入　〈人〉は～てくれます　文型3　例文4

項目1を思い出させて、「わたし」に恩恵を与える行為で導入する。

　　導入例　T：佐藤さんはチョコレートをくれました。佐藤さんは旅行の写真を見せてくれました。（と言って板書する。）

```
さとうさんは　チョコレートを　くれました。
さとうさんは　りょこうの　しゃしんを　みせて　くれました。
```

練習　A4　恩恵を受ける動作を入れ替えて「〈人〉は～てくれました」の文を作る練習。
　　　B5　絵を見て、「〈人〉は～てくれました。」という文を作る練習。
　　　B6　絵を見て、誰が恩恵を与えてくれたかの質問応答の文を作る。練習のまえに、板書の「さとうさん」の部分に ? を当て、「だれ」を導き出す。「だれ」は疑問詞なので、助詞は「が」になることを確認し、板書を書き換える。『翻訳・文法解説』p. 68, 2参照。
　　　QA　子どものときに家族がしてくれたことについて質問応答練習。
　　　　　例：子どものとき、おじいちゃんは何をしてくれましたか。
　　　　　　　→動物園へ連れて行ってくれました。
　　　C3　ホームステイをしたときに受けた親切について話す。

留意点　ここでは、恩恵の受け手である「わたし」を省略した形で練習する。

4. わたしは木村さんに本を貸してあげました。

わたしは〈人〉に〈Vて形〉あげます

話し手がほかの人のために何かの行為をすることを表す。

導入　わたしは〈人〉に～てあげます　文型4　例文5

「わたし」が誰かに親切にしてあげている状況を表す絵を用意する。

導入例　右の絵を見せて、教師が一人二役で演
　　　　じる。
　　　男の人：すみません。駅はどちらです
　　　　　　　か。
　　　わたし：駅ですか。この道をまっすぐ
　　　　　　　行って、1つ目の信号を右に
　　　　　　　曲がると、ありますよ。
　　　男の人：ありがとうございます。
　　　わたし：わたしは男の人に道を教えてあげました。

> わたしは　おとこの　ひとに　みちを　おしえて　あげました。

練習　A5　恩恵を与える動作を入れ替えて「わたしは〜てあげました」
　　　　　の文を作る練習。
　　　　　受け手（カリナさん）につく助詞は、「〈動詞〉て」の動詞に
　　　　　よって変わることに注意。下記留意点1）参照。
　　　B7　与えられた語を使って「〜てあげました」の文を作る練習。
　　　QA　例文5 を参考に質問応答する。
　　　　　例：父の日にお父さんに何をしてあげますか。

留意点 1）「〜てあげます」の行為の受け手は「〜て」の動詞によって異なる。
　　　　「に」：わたしはカリナさんにCDを貸してあげました。
　　　　　　　「〈人〉にNを〜」の形をとる動詞
　　　　　　　例：見せます　教えます　（物を）送ります　書きます
　　　　「を」：わたしはカリナさんを駅まで送ってあげました。
　　　　　　　「〈人〉をNへ／に〜」の形をとる動詞
　　　　　　　例：連れて行きます　紹介します　案内します
　　　　「の」：わたしはカリナさんの自転車を修理してあげました。
　　　　　　　「受け手」に属するもの／ことを「受け手」の
　　　　　　　ためにする行為を言う場合
　　　　　　　例：直します　掃除します　手伝います
　　　　上のように元の動詞に伴う助詞が大切なので、第24課の語彙導入の時
　　　　点で助詞をしっかりと押さえておく必要がある。
　　　2）「〜てあげます」はあまり親しくない人や目上の人に対して用いると押
　　　　しつけがましく聞こえ、失礼になるので、相手に対して直接使うことは
　　　　避けるよう指導する。

Ⅲ．会話　手伝いに行きましょうか

場面　引っ越しの手伝いを友人に頼む
目標　日常的な行為のやりとりについて、感謝の気持ちを込めて、簡単に表現できる。
練習　内容確認の質問例
・ワンさんはいつ引っ越しをしますか。
・カリナさんは手伝いに行きますか。
・ほかにだれが手伝いに行きますか。
・昼ごはんはどうしますか。
身につけたい会話表現
・手伝いに行きましょうか。
・昼ごはんはどうしますか。
発展　引っ越しに代えて、パーティーやフリーマーケットなどのイベントの手伝いを申し出る。

Ⅳ．その他

問題　・4　会話を読んで、「わたし」の立場で書かれた文が正しいかどうか判断する。
　　　・7　読解文を参考に祖父母や家族について質問をし、その答えをまとめさせる。まとめると自然に作文ができあがっているように質問していくとよい。

第25課

学習目標

できるようになること
- あることを仮定して、その条件の下での判断、決定などが言える。

学習すること

学習項目	文型	例文	練習A	練習B	練習C
1.〈普通形過去〉ら、〜（仮定条件）	1	1・2・3 4・5	1・2	1・2・3	1
2.〈た形〉ら、〜（確定条件）		6	3	4	2
3.〈動詞て形〉も、〜 　〈い形容詞(い)〉くても、〜 　〈な形容詞〉でも、〜 　〈名詞〉でも、〜 　　（逆接の仮定条件）	2	7・8	1・4	5・6・7	3

Ⅰ．新出語彙　導入の留意点

- 着きます　　　　　　　　　「駅に着きます」の「に」は着点を表す。

- 足ります［お金／時間が〜］　Ⅱグループの動詞として紹介する。（足りる・足りない・足りた・足りなかった）

- 田舎　　　　　　　　　　　「都会」の反対の意味（例：田舎に住みたいです）と故郷の意味（例：わたしの田舎は九州の山の中です）がある。

- もしもし　　　　　　　　　電話で、相手に呼びかけるときに使う。

Ⅱ. 学習項目の導入と練習

1. 雨が降ったら、出かけません。　〈普通形過去〉ら、～

仮定条件を表す。「もし」を用いると、条件の仮定性がより強調される。

導入　～たら／～なかったら、～　　文型1　例文1　例文2

まず、動詞を使った仮定を導入する。長い休みがもらえるとか、雨が降るとか、話している時点ではわからないことを仮定する。

導入例1　T：わたしはサラリーマンです。毎日忙しいです。長い休みが欲しいですが、なかなか休むことができません。もし、1か月休むことができたら、1か月休みがあったら、わたしは自転車でヨーロッパを旅行したいです。

導入例2　T：あしたお花見（あるいは季節のイベント）に行きます。でも、（スマホの天気予報を見せて）あしたは雨です。
あした雨が降ったら、お花見に行きません。
あした雨が降らなかったら、お花見に行きます。

> あめが　ふったら、　　　おはなみに　いきません。
> あめが　ふらなかったら、おはなみに　いきます。

練習　A1　上6行　「〈動詞〉たら」の形の確認。
　　　　　　　　　「〈動詞〉なかったら」の形も併せて確認する。
　　　A2　上2行　動詞文の仮定の形の確認。
　　　B1　前件の文を「〈動詞〉たら／なかったら」に変えて、仮定の文を作る練習。
　　　文作り　前件を与えて、後件を作らせる。
　　　　　　　例：1億円あります
　　　　　　　　→1億円あったら、庭があるうちを買います。
　　　　　　　お金がありません→お金がなかったら、うちで寝ます。

展開　～かったら／～だったら、～　　例文3　例文4　例文5

形容詞、名詞を使った仮定を導入する。動詞の場合と同じような設定である。

導入例1　T：わたしの趣味は山に登ることです。あした天気がよかったら、山に登りたいです。

導入例2　T：Sさん、あした暇ですか。暇だったら、いっしょに山に登りませんか。

導入例3　T：雨だったら、映画を見に行きましょう。今、「〇〇」を見ることができます。

> てんきが　よかったら、やまに　のぼりたいです。
> ひまだったら、やまに　のぼりませんか。
> あめだったら、えいがを　みに　いきましょう。

練習　A1　下6行「〜たら」の形の確認。
　　　口慣らし　絵教材を使って、「〜かったら」「〜だったら」の形の口慣らしをする。
　　　A2　下3行　い形容詞文、な形容詞文、名詞文の仮定の形の確認。
　　　B2　前件の文を「〜かったら」「〜だったら」に変えて、仮定の文を作る練習。
　　　B3　ある事態が起こった場合に「何をするか」「どうするか」を尋ね、それに答える。「何をしますか」「どうしますか」の使い分けを確認する。
　　　QA　B3、例文1、例文2の質問を学習者にして、自分だったらどうするか答えさせる。
　　　　　さらに、自由にさまざまな場合を想定し、質問する。
　　　　　例：外国旅行のとき、パスポートをなくしたら、どうしますか。
　　　　　　　約束の時間に彼（彼女）が来なかったら、どうしますか。
　　　C1　想定した条件の下で何かをしようと誘う会話。
　　　発展　時、条件、事柄、行き先をさまざまに入れ換えて、誘い合う。

(留意点) 1)「〜たら」が第23課の「〜と」とどう違うかという質問が出ることがある。「〜と」の後ろには、意志、命令、依頼などの表現は使えないことを例を出して説明する。『翻訳・文法解説』p. 158-1参照。
　　　　2)「もし」を使うことによって、「〜たら」の形がおろそかになることがある。「〜たら」の形が正しく作れるよう指導する。

2. ミラーさんが来たら、出かけましょう。　〈Vた形〉ら、〜

「Vたら、〜」はVの動作、あるいは出来事が確定したあとで引き続き何かをする予定があることを述べる。ここでは予定上の行為や事柄を条件としているので、文末は過去形にはならない。

導入　〜たら、〜　例文6

今から行おうとする行動（例：昼ごはん）が終わって、続いて何をするかを問題にするような設定をするとよい。

　　　導入例1　教師が一人二役をする。
　　　　　　　A：先生、午後の見学は何時からですか。
　　　　　　　B：きょうの午後見学する所は遠いですから、昼ごはんを食べたら、すぐに出かけます。

導入例2　教師が一人三役をする。
　　　　A：大学を出たら、大学院（第31課）へ行きますか。留学しますか。
　　　　　　働きますか。
　　　　B：わたしは大学を出たら、会社に入って、働きます。
　　　　C：わたしは大学を出たら、結婚します。

> ひるごはんを　たべたら、でかけます。
> だいがくを　　でたら、けっこんします。

練習　　A3　確定条件の「～たら」の型の確認。
　　　　B4　2文をつないで、予定された行動／出来事のあとに何をする
　　　　　　かを言う。
　　　　QA　学習者の実際の状況について質問する。
　　　　　　例：このクラスが終わったら、何をしますか。
　　　　　　　　学校／大学を出たら、働きますか。
　　　　C2　会議室のミラーさんと事務所にいる佐藤さんの会話。
　　　　　　「ミラーですが」の「が」は逆接ではなく、前置きの意味で
　　　　　　ある。『翻訳・文法解説』p. 93-7参照。
　　　　発展　やりとりのあとの会話を作る。
　　　　　　例　A：アキックスの牧野さんが来たら、教えてください。
　　　　　　　　B：はい、わかりました。（ここまでC2の会話）
　　　　　　　　……
　　　　　　　　B：もしもし、ミラーさんですか。佐藤です。
　　　　　　　　　　アキックスの牧野さんが来ました（いらっしゃいま
　　　　　　　　　　した）。
　　　　　　　　A：わかりました。すぐ行きます。

3. 雨が降っても、出かけます。

> 〈Vて形〉も、～
> 〈いA(い)〉くても、～
> 〈なA〉でも、～
> Nでも、～

「～たら、～」とは反対に、ある条件の下で、当然起こると期待される動作・事柄が
起こらない場合に、この表現が使われる。

導入　～ても／～くても／～でも、～　　文型2　例文7　例文8

「～たら」の状況と逆の状況を設定する。

　　導入例1　T：わたしの趣味は釣りです。あしたは休みです。釣りに行きます。
　　　　　　　　楽しみです。（スマホの天気予報を見せて）あした、雨が降り
　　　　　　　　ます。でも、わたしは釣りに行きます。雨が降っても、釣りに
　　　　　　　　行きます。

導入例2　T：あした試験があります。今晩勉強しなければなりません。眠いです。でも勉強します。眠くても、勉強します。

導入例3　T：ケータイは便利です。でも、わたしは使いません。嫌いです。便利でも、ケータイを使いません

導入例4　T：Sさんは寒い国から来ました。いつも元気です。あまりたくさん服を着ません。冬です。2月です。寒いです。でも、コートを着ません。
　　　　　　冬でも、コートを着ません。
導入ごとに順次板書していく。

```
あめが　ふっても、つりに　いきます。
ねむくても、べんきょうします。
べんりでも、ケータイを　つかいません。
ふゆでも、コートを　きません。
```

練習　A1　動詞、い形容詞、な形容詞、名詞の「〜ても（でも）」の形の口慣らしをする。
　　　A4　すべての品詞の逆接の仮定条件の形と意味を確認する。
　　　B5　動詞の「〜ても」を前件とした文を作る練習。
　　　B6　い形容詞、な形容詞、名詞の「〜ても（でも）」を前件とした文を作る練習。例2は、な形容詞の例。4)「病気」は名詞。
　　文作り　B5、B6を参考に、ことばを与えて、文を作らせる。
　　　　　　例：頭が痛いです・薬を飲みません
　　　　　　　　→頭が痛くても、薬を飲みません。
　　　　　　　　不便です・田舎に住みたいです
　　　　　　　　→不便でも、田舎に住みたいです。

展開1　〜たら、〜か　…はい、〜たら、〜／いいえ、〜ても、〜

「〜たら」を使った質問に対して、「はい」の場合は、「〜たら」を使って答えればよいが、「いいえ」の場合は「〜ても」を使って答える。「いいえ」の答えが出るような質問を与えて、「〜ても」を導く。

導入例　教師が一人二役をする。
　　　　A：熱があったら、学校を休みますか。
　　　　B：はい、熱があったら、学校を休みます。
　　　　A：あした試験があります。熱があったら、学校を休みますか。
　　　　B：いいえ、熱があっても、休みません。

> ねつが　あったら、やすみますか。
> …はい、　ねつが　あったら、やすみます。
> …いいえ、ねつが　あっても　やすみません。

展開2　～ても、～か　…はい、～ても、～／いいえ、～たら、～

「～ても」を使った質問への答え方を、展開1 と逆の状況を作って、導入する。

導入例　T：あした試験があります。でも熱があります。熱があっても、学校へ行きますか。
　　　　S：はい、行きます。熱があっても、行きます。
　　　　T：あしたは試験がありません。熱があっても、学校へ行きますか。
　　　　S：いいえ、行きません。熱があったら、行きません。

練習　B7　「～たら」「～ても」の質問に対し、いずれの場合も「いいえ」で答える練習。
　　　C3　悪い天気を想定して、その状況下でもイベントが行われるかを尋ねる。
　　　発展　会話の前後を付け加える。
　　　　　例　A：ちょっとすみません。
　　　　　　　B：はい
　　　　　　　A：あのう、
　　　　　　　　（C3の会話）
　　　　　　　A：どうもありがとうございました。

Ⅲ．会話　いろいろお世話になりました

場面　転勤の送別会で集まった人と話す。
目標　お世話になった人に感謝の気持ちが伝えられる。
表現　・いろいろお世話に　　長い別れが考えられる場合（例：卒業する、引っ
　　　　　なりました。　　　越しする）、上司や先生、先輩、近所の人などへ
　　　　　　　　　　　　　　のお礼のことばとして使われる。

　　　・お体に気をつけて。　「お体」の「お」は丁寧を表す。「気をつけます」
　　　　　　　　　　　　　　は第21課「使い方に～」で学習した。長い別れが
　　　　　　　　　　　　　　想定される場合に「健康に留意してください」の
　　　　　　　　　　　　　　意味で使う。

　　　・どうぞお元気で。　　「どうぞお元気です」の間違いが多い。

練習　内容確認の質問例
　　　・どうして乾杯していますか。
　　　・ミラーさんはどこへ行きますか。

・ミラーさんが大阪へ来たら、みんなで何をしますか。
身につけたい会話表現
・いろいろお世話になりました。
・お体に気をつけて。
・どうぞお元気で。

発展　学習者が学校を終えて、東京に就職が決まり、その送別会を関係者で開くという設定でやってみる。

Ⅳ．その他

例文　・2　「電車やバスが動かない」は交通機関のサービスが止まるという意味。
　　　・4　場面として病院が想定されている。

問題　・7　「○○です」で終わらないで、問題6を参考に、どうしてそれが欲しいか、それがあったら、何ができるかなどまで答える。

監修
鶴尾能子　石沢弘子

執筆協力
田中よね　澤田幸子　牧野昭子　御子神慶子

イラスト
佐藤夏枝、山本和香、向井直子

装丁・本文デザイン
山田武

みんなの日本語　初級Ⅰ　第2版
教え方の手引き

2000年8月28日　初版第1刷発行
2016年4月27日　第2版第1刷発行
2024年1月29日　第2版第9刷発行

編著者　スリーエーネットワーク
発行者　藤嵜政子
発　行　株式会社スリーエーネットワーク
　　　　〒102-0083　東京都千代田区麹町3丁目4番
　　　　　　　　　　トラスティ麹町ビル2F
　　　　電話　営業　03（5275）2722
　　　　　　　編集　03（5275）2725
　　　　https://www.3anet.co.jp/
印　刷　萩原印刷株式会社

ISBN978-4-88319-734-7　C0081
落丁・乱丁本はお取替えいたします。
本書の全部または一部を無断で複写複製（コピー）することは著作権法上での例外を除き、禁じられています。
「みんなの日本語」は株式会社スリーエーネットワークの登録商標です。

みんなの日本語シリーズ

みんなの日本語 初級Ⅰ 第2版

- 本冊（CD付） ………………… 2,750円（税込）
- 本冊 ローマ字版（CD付） …… 2,750円（税込）
- 翻訳・文法解説 ………… 各2,200円（税込）
  英語版／ローマ字版【英語】／中国語版／韓国語版／ドイツ語版／スペイン語版／ポルトガル語版／ベトナム語版／イタリア語版／フランス語版／ロシア語版（新版）／タイ語版／インドネシア語版／ビルマ語版／シンハラ語版／ネパール語版
- 教え方の手引き ……………… 3,080円（税込）
- 初級で読めるトピック25 …… 1,540円（税込）
- 聴解タスク25 ………………… 2,200円（税込）
- 標準問題集 …………………… 990円（税込）
- 漢字 英語版 ………………… 1,980円（税込）
- 漢字 ベトナム語版 ………… 1,980円（税込）
- 漢字練習帳 …………………… 990円（税込）
- 書いて覚える文型練習帳 … 1,430円（税込）
- 導入・練習イラスト集 ……… 2,420円（税込）
- CD 5枚セット ………………… 8,800円（税込）
- 会話DVD ……………………… 8,800円（税込）
- 会話DVD　PAL方式 ……… 8,800円（税込）
- 絵教材CD-ROMブック …… 3,300円（税込）

みんなの日本語 初級Ⅱ 第2版

- 本冊（CD付） ………………… 2,750円（税込）
- 翻訳・文法解説 ………… 各2,200円（税込）
  英語版／中国語版／韓国語版／ドイツ語版／スペイン語版／ポルトガル語版／ベトナム語版／イタリア語版／フランス語版／ロシア語版（新版）／タイ語版／インドネシア語版／ビルマ語版
- 教え方の手引き ……………… 3,080円（税込）
- 初級で読めるトピック25 …… 1,540円（税込）
- 聴解タスク25 ………………… 2,640円（税込）
- 標準問題集 …………………… 990円（税込）
- 漢字 英語版 ………………… 1,980円（税込）
- 漢字 ベトナム語版 ………… 1,980円（税込）
- 漢字練習帳 …………………… 1,320円（税込）
- 書いて覚える文型練習帳 … 1,430円（税込）
- 導入・練習イラスト集 ……… 2,640円（税込）
- CD 5枚セット ………………… 8,800円（税込）
- 会話DVD ……………………… 8,800円（税込）
- 会話DVD　PAL方式 ……… 8,800円（税込）
- 絵教材CD-ROMブック …… 3,300円（税込）

みんなの日本語 初級 第2版

- やさしい作文 ………………… 1,320円（税込）

みんなの日本語 中級Ⅰ

- 本冊（CD付） ………………… 3,080円（税込）
- 翻訳・文法解説 ………… 各1,760円（税込）
  英語版／中国語版／韓国語版／ドイツ語版／スペイン語版／ポルトガル語版／フランス語版／ベトナム語版
- 教え方の手引き ……………… 2,750円（税込）
- 標準問題集 …………………… 990円（税込）
- くり返して覚える単語帳 …… 990円（税込）

みんなの日本語 中級Ⅱ

- 本冊（CD付） ………………… 3,080円（税込）
- 翻訳・文法解説 ………… 各1,980円（税込）
  英語版／中国語版／韓国語版／ドイツ語版／スペイン語版／ポルトガル語版／フランス語版／ベトナム語版
- 教え方の手引き ……………… 2,750円（税込）
- 標準問題集 …………………… 990円（税込）
- くり返して覚える単語帳 …… 990円（税込）

- 小説 ミラーさん
  ―みんなの日本語初級シリーズ―
- 小説 ミラーさんⅡ
  ―みんなの日本語初級シリーズ―
  ………………… 各1,100円（税込）

スリーエーネットワーク

ウェブサイトで新刊や日本語セミナーをご案内しております。
https://www.3anet.co.jp/